公募REITs
投资入门与实战

李超 著

清华大学出版社
北京

本书封面贴有清华大学出版社防伪标签，无标签者不得销售。
版权所有，侵权必究。举报：010-62782989，beiqinquan@tup.tsinghua.edu.cn。

图书在版编目（CIP）数据

公募REITs投资入门与实战 / 李超著. —北京：清华大学出版社，2022.3
（投资滚雪球系列）
ISBN 978-7-302-60186-9

Ⅰ. ①公… Ⅱ. ①李… Ⅲ. ①房地产投资－信托基金－研究－中国 Ⅳ. ①F832.49

中国版本图书馆CIP数据核字(2022)第030957号

责任编辑：顾　强
封面设计：周　洋
责任校对：王荣静
责任印制：沈　露

出版发行：清华大学出版社
　　　　　网　　址：http://www.tup.com.cn, http://www.wqbook.com
　　　　　地　　址：北京清华大学学研大厦A座　　邮　编：100084
　　　　　社 总 机：010-83470000　　　　　　　　邮　购：010-62786544
　　　　　投稿与读者服务：010-62776969, c-service@tup.tsinghua.edu.cn
　　　　　质 量 反 馈：010-62772015, zhiliang@tup.tsinghua.edu.cn
印 装 者：三河市东方印刷有限公司
经　　销：全国新华书店
开　　本：148mm×210mm　　　印　张：6.5　　字　数：136千字
版　　次：2022 年 5 月第 1 版　　印　次：2022 年 5 月第 1 次印刷
定　　价：65.00元

产品编号：094163-01

谨以此书献给我最爱的鸡崽崽和胤尧表哥

序 言

为什么要写这本书？

起源于美国的不动产投资信托（REIT，Real Estate Investment Trust）自诞生以来已经走过了 60 多个年头，并且已经成为世界许多国家资本市场的重要组成部分。美国、新加坡、日本等国的 REITs 已经成为众多养老基金、高校投资基金等需要支付稳定现金的投资机构的重要投资。公募不动产投资信托基金（公募 REITs 基金）于 2021 年上半年正式在我国资本市场落地。与此同时，随着利率的下行，银行存款等无风险的理财收益持续下行，习惯了买理财的大叔大妈们苦"收益率下跌"久矣！公募 REITs 基金的落地，填补了我国高收益高风险的金融产品与低收益低风险的金融产品之间的市场空白，为我国的广大中小投资者打开了一扇全新的大门。国内数量可观的投资者适合持有公募 REITs 基金，但是由于对 REITs 并没有太多的了解，面对公募REITs基金这个"中风险、中回报"的新品种,过其门而不入,不敢投资。广大投资者需要一份全面、客观、深入浅出地介绍公募REITs基金这一全新投资品种的图书,包括它过去的发展、现在的状态与未来的前景。

本书的重点不在于推荐某一只国外REITs或者是国内公募REITs基金,而是希望读者通过阅读本书,能够了解REITs产生的来龙去脉,并形成自己对REITs投资价值的独立判断。

为什么是我写这本书?

作者于2007—2011年赴美国留学并工作,亲身经历了美国房地产过度投机导致的全球金融危机并对此展开了研究。回到亚洲以后曾服务于法国巴黎银行(BNP Paribas)研究部,专注于东南亚开发商以及REITs研究,后曾就职于福建本土开发商三盛集团的投资部。美国是REITs的发源地,东南亚的新加坡是亚洲除日本外最大的市场,而新加坡受限于本国面积狭小,其REITs多投资于其他国家的不动产,而中国的资产早已占据其中举足轻重的比例。作者国际化的观察视角、本土化的行业经验、深刻的行业洞察与思考,相信能够为读者们奉上一场REITs投资的饕餮盛宴。

为什么现在写这本书?

2021年,上市的大中型开发商相继宣布债券违约,市场一

序　言

片恐慌：首先是恒大集团（香港上市，证券代码：03333），接着花样年控股（香港上市，证券代码：01777）、当代置业（香港上市，证券代码：01107）、新力控股（香港上市，证券代码：02103）。现金流紧张的开发商们开始变卖家当以筹措更多的资金，恒大集团出售恒大汽车、恒大物业，花样年出售其物业板块……

房地产行业真的要崩盘了吗？

房地产行业正在变盘，但不会崩盘，而REITs正是这定盘的星！

如果说中国正面临着百年不遇之大变局，那么地产行业也正面临着蒙眼狂奔30年以来最大的变革。教育领域携雷霆万钧之势的"双减"政策，医疗领域的"集中采购"，地产行业的"房住不炒"，无不彰显党中央、国务院为最终实现中华民族伟大复兴而果断采取的措施。作为一个投资者，绝对不能低估实现民族复兴的信心和决心。于是，就有投资者及地产业界的从业者从过去的过分乐观，直接跳到过分悲观，又或者直接被整蒙了，不知所措。

国家在整顿，也在引导从业者各自回归行业的本质。虽然日子不如过往那般滋润，但是整个行业还在，仍然需要市场化的行为来提供高效率、优质的产品和服务。只不过，民生刚需的三大行业从过去的黄金时代褪色后进入白银时代抑或青铜时代，更加考验从业者们精耕细作的能力。政策的导向也是回归行业的本质：教育机构不再通过铺天盖地的广告来吸引家长，需要回归教学品质；医疗及医药厂家不再依赖"灰色地带"获得订单,需要回归药品及基础研发;房地产不再通过高杠杆(借贷)无序扩张,需要回归居住属性。全世界范围内也不乏房地产从业者学习的榜样:新加坡的凯德集团(Capitaland)、美国的西蒙地产集团(Simon Property)、日本的三井不动产(Mitsui)等。世界各地的地产巨头用自身鲜活的案例告诉我们:提供市场上最优质的产品,合理利用金融市场工具,比如REITs,才是成为行业领军者最可靠的途径。

投资者以及房地产从业者现在正需要这样一本书,以客观的态度阐述对时局的理解,简明扼要地进行深入的分析,进而获得自身认知的更新换代或者说更新迭代,最终更好地指导投资活动。

市场上有一些关于REITs的书籍,但大多数书籍的作者都是外籍人士,往往只介绍了国外主要是美国或者是某个主要资本市场REITs的发展与投资,或者介绍的是从宏观角度探讨市场建设与发展理论,抑或从不动产业主的角度阐述如何将资产打包上市成为一只REITs,尚未有一本为广大刚入门的投资者全面介绍公募REITs基金在我国发展以及相应投资实践的书。

本书的第一章是"初识REITs",意在为读者厘清REITs的基本概念。在介绍REITs的相关概念之前,先为各位投资新手带来一些简单的入门级投资建议,有些是作者成功的经验,也有一些是作者踩过的"坑",失败的教训。在介绍REITs的部分,通过探讨REITs到底是什么以及不是什么,还有REITs与其他投资品类的比较,对REITs建立起初步的认知,并通过REITs的分类进一步加深理解。与此同时,本章也将为读者展示REITs

自 1960 年诞生以来在全世界波澜壮阔的发展史。最后，也是最重要的落脚点，是 REITs 以公募 REITs 基金的形式落地我国，这将开启房地产行业崭新的发展篇章。

第二章讲述"为什么建议买 REITs"。通过比较公募 REITs 基金与一般的银行理财产品（债券和货币基金为主）、股票基金以及对不动产的直接投资，解释为什么 REITs 是地产行业新形势下最具生命力的产品。

第三章讨论的是"REITs 的风险和收益"。作为一个合格的投资者，首先考虑的必须是风险，以及如何应对风险，然后才是收益。本章从介绍"什么是投资风险？"开篇，接着介绍 REITs 投资的风险以及相应的风险控制手段。然后才是 REITs 主要的收益：分红。最后，综合考虑风险和收益，也就是风险/收益比，横向比较 REITs 与其他投资品类的风险/收益比。由于我国公募 REITs 基金基本没有历史数据可供研究，所以主要以美国的历史数据作为研究对象。本章最后，落实到我国，为读者介绍公募 REITs 基金产品的风险及收益情况。

第四章讲述"怎么选公募 REITs 基金"。选基金自然需要参考一些指标，本章首先为投资者介绍一些耳熟能详的投资指标，包括市盈率、市净率、股息率等，更重要的是介绍套用指标的前提条件与适用的行业。投资指标之外，公募 REITs 基金首先是监管机构协助投资者把关项目，这在很大程度上保证了公募 REITs 基金投资项目的质量。投资者在选择公募 REITs 基金的时候，最主要的就是要看基金的原始权益人或者叫作发起人，选一个项目经验丰富、历史业绩优秀的原始权益人，比单独看任何指标都更加有效。投资者选择公募 REITs 基金大多冲着分红而来，但并不是分红率越高的基金总体收益就越好，还需要考虑基金净值的变化。最后，从基金的费率来看，基金管理者的报酬与投资者回报深度绑定的基金更让人放心，因为被深度绑定的管理者们有更大的动力为投资者（同时也为自己）赚取更多的回报。

第五章介绍"公募 REITs 基金如何买卖"。首先是介绍投资公募 REITs 基金需要开设哪些账户，接着为读者介绍投资的两个渠道和方式，包括交易时间、数量等细节。

第六章介绍"投资公募 REITs 基金前需要考虑的因素"。本章整体沿着做投资决策的关键节点展开：首先是投资者需要确定公募 REITs 基金风险水平、收益率、收益方式以及需要持有的期限等特征是否与自身情况相匹配，适合自己；然后探讨买多少合适，主要是替代现有一些理财或者收益一般的房产投资；接着阐述买了以后持有的期限和是否能够寻得最佳的买卖点；最后是将上述内容整合并做补充，为读者介绍世界顶级私人银行为其高净值客户制订投资计划的框架。

第七章讨论"REITs 的配置价值"，主要阐述 REITs 优化投资机构投资组合的功效，当然这一优化的效果不仅对于机构投资组合有效，对于家庭资产配置同样有效。

第八章展望 REITs 的未来发展。以史为鉴，可以知兴替。回顾那些促进 REITs 在全球资本市场蓬勃发展的要素，对于理解 REITs 在我国未来的发展是大有裨益的。总体来说，税收优惠、管理模式的转变、适度杠杆以及鼓励并购等政策，在 REITs 的发展进程中曾经起到了积极的推动作用。展望未来 REITs 在

序言

我国的发展,首先,老龄化浪潮带来了更多、更富有的老年人,这将极大地扩大我国公募 REITs 基金的群众基础;其次,公募 REITs 基金未来一定会被允许投资于更多类型的不动产;再次,未来公募 REITs 基金的税收优惠政策的出台将会进一步鼓励更多投资者入场;最后,公募 REITs 基金发展甚至爆发式增长的基础,一定是自身回报率的提升。

能够有机会将沉淀的想法汇聚成书,得到了众多朋友的帮助。感谢徐清安(雪球账号"安仔滚雪球",著有《指数基金投资指南》)的牵线搭桥,还有私募基金资深研究员颜华灿的帮助。也感谢出版社顾强老师的支持。感谢我的家人对我的理解和支持。

作者

目录

第一章　初识 REITs ·· 1

第一节　投资小白如何理财 ································· 2
第二节　REITs 是什么 ······································ 5
第三节　REITs 的分类 ······································ 9
第四节　REITs 全球发展简史 ······························ 14
第五节　REITs 在中国 ····································· 22

第二章　为什么建议买 REITs ······························ 27

第一节　公募 REITs 基金比理财强在哪儿 ················ 28
第二节　买股票基金还是公募 REITs 基金 ················ 31
第三节　冉冉升起的 REITs 和夕阳西下的不动产直投 ······ 33

第三章　REITs 的风险和收益 ····························· 43

第一节　什么是投资风险 ·································· 45
第二节　买 REITs 有什么投资风险 ······················· 47

第三节	如何应对 REITs 的投资风险	55
第四节	REITs 的主要收益：稳定且丰厚的分红	61
第五节	投资 REITs 的风险/收益比	64
第六节	我国公募 REITs 基金的风险和收益特征	69

第四章　怎么选公募 REITs 基金 … 75

第一节	常用的投资估值指标	77
第二节	监管机构如何为投资者把关	84
第三节	选公募 REITs 基金就是选发起人	89
第四节	股息率很美妙，IRR 更重要	97
第五节	合理的管理费率：胡萝卜和大棒	104

第五章　公募 REITs 基金如何买卖 … 111

第一节	投资 REITs 前的准备：开户	113
第二节	投资 REITs 的渠道：场内和场外	117
第三节	投资 REITs 的方式：一级市场认购和二级市场交易	119

第六章　投资公募 REITs 基金前需要考虑的因素 … 131

第一节	公募 REITs 基金适合我吗	132
第二节	买多少合适	139
第三节	买了以后持有多久	142
第四节	什么时候是买/卖的最佳时机	147
第五节	高净值客户投资前考虑的要素	152

第七章　REITs 的配置价值 ·········· 155
第一节　营养最丰富、搭配最均衡的投资大餐 ······ 156
第二节　REITs 优化投资组合的实证研究 ·········· 159

第八章　REITs 未来展望 ················ 163
第一节　全球 REITs 发展的经验 ················ 165
第二节　我国 REITs 未来展望 ················· 167

附录 ······································ 179
基金投资者风险评测问卷 ······················ 180
监管机构对公募 REITs 基金项目的要求 ·········· 184
REITs 常见专业名词 ·························· 189

第一章
初识 REITs

在介绍 REITs 相关的概念之前，本章专门为入门级的投资者阐述了一些简单实用的一些小建议，而其中大部分都是花了真金白银"买"到的教训。把这一部分放在最前面，是因为不少投资者尚未形成自己投资理财的原则，对于纷繁复杂的各种投资品种，害怕风险带来的损失的同时又渴望像样的收益。希望第一节的内容对于初入投资世界的读者们选择投资理财产品时提供一些有益的思路。

接下来，主要是通过介绍 REITs 相关的概念，包括 REITs 是什么以及 REITs 的分类，建立起初步的认识，同时通过介绍 REITs 在全球以及在我国的发展，进一步建立起关于 REITs 的认识框架。

第一节 投资小白如何理财

美国知名投资者、桥水基金创始人瑞·达里奥（Ray Dalio）把他数十年从事投资工作的经验写成了一本书《原则》。这一节的内容就是我的投资"原则"。

一、认清自我

认清自我包含了两个方面：首先，作为一个投资者，认清自己的市场地位,是体量巨大、对市场有影响力的专业投资者,还是接受市场走势、最好顺势而为的一般业余投资者?其次,明确投资目标,是想通过投资跑赢通货膨胀,获得比银行理财稍微高一些的回报,还是希望通过投资一夜暴富?当然,跑赢通胀是大概率能做到的事情,也不用太冒险。而想要一夜暴富,实现这个目标,那很可能干的就是"刀口舔血""火中取栗"的事情。天上基本不会掉馅饼,掉陷阱的可能性还是比较高。

二、回归常识

爱因斯坦说,这个世界最难以理解的地方在于,这个世界是可以理解的。所以,任何的投资行为一定是在一般人可以理解的范围内。什么叫可以理解呢?我把它定义为可以转化为小学语文老师传授给我们的写作六要素:时间、地点、人物、起因、经过、结果。举个例子,用这六要素来描绘公募 REITs 基金:在 20 年到 99 年不等的时间内(时间),在不动产所在的某个特定位置(地点),不动产最初的业主或者叫作原始权益人(人物)为了兑现不动产的部分价值(起因),通过将不动产打包上市,并且"切"成很小的份额,向一般的中小投资者出让不动产的股权以及附带的收益权(经过),中小投资者通过投资公募 REITs 基金获得稳定收益,这个收益一般是大型不动产项目经营所得,比如高速公路的收费或者物流园区的租金(结果)。不要被陌生的、新鲜的、天花乱坠的术语所迷惑,你不需要懂得很多才能投资。面对五花八门的投资项目,无论是听上去平易近人的理财产品,还是神秘莫测的私募产品,抑或是高大上的量化基金,又或者是一堆英文字母简写(如 REITs、CDS、CDO),如果一个项目无法用直白的语言,以写作六要素的框架描述其投资过程及收益来源,也就是超出了一般人"常识"的理解范围,那么要么是这个项目的描述者还需要更多的研究去理解项目本身,又或者是这个项目真的复杂到一般人没办法理解——项目复杂成这样,你还要投资?

三、紧跟政策

中央政府把房地产确认为国民经济支柱产业的时候,房地产的前途无可限量,而到了"房住不炒"的时代,再去盲目炒房(住宅),想要获得满意的投资收益,困难就很大。而受到国家政策大力支持的公募 REITs 基金,则可能是房地产行业下一个快速增长点。

四、热爱但不迷恋土地

费孝通先生的《乡土中国》生动地阐述了国人迷恋土地的成因以及在此基础上建立起来的社会与经济关系。农耕民族及其文化,使得我们国家的人民从骨子里重视作为生产资料的土地,过去 30 年住宅价格的不断上涨进一步巩固了对于土地和住宅的迷恋。然而,当住宅的价格高到年轻人无法轻易地在城市安居进而乐业的时候，企业家们因此无法愉快地招揽最优秀的人才的时候，高企的住宅价格俨然成为中华民族实现伟大复兴路上的一块绊脚石，回归住宅的居住属性成为人民的呼声，也得到了政府正面积极的回应。因此，我亲爱的读者们，咱们可以深深地热爱着这片土地，紧跟政策导向继续做一些不动产相关的投资，比如购买公募REITs基金。继续迷恋住宅并直接投资就完全没有必要了。因为接下来，住宅及不动产投资将是**专业投资者**和**国有企业**主导的时光，请大家记住这个简单却又十分重要的结论。无法高杠杆（大量借贷）运营的不动产行业将回归其居住本质，成为一个更加"传统"的行业，各位不妨将其看成是制造业的一种类别。不动产直接投资的专业性和资金量门槛将大幅提升，不再适合一般投资者。

第二节 REITs是什么

一、如何定义REITs

REITs（Real Estate Investment Trusts）即不动产投资信托，是一种通过发行收益凭证募集资金、投资成熟不动产、委托专业团队管理、收益大部分分配给投资者的金融产品。

1. REITs：小投资做"包租公"的金融产品

从投资者的角度来看，REITs为一般投资者打开了不动产投资的大门：它是一种投资门槛低、收益稳定、流动性较好的投资品类。

首先，投资门槛低，这体现在投资金额和投资能力两个方面。就投资金额来说，公募REITs百元起步，私募REITs百万元起步，相对于不动产项目动辄过亿元甚至数十亿元的投资额，投资金额门槛大大降低；投资能力方面，投资REITs无须投资者了解太多高深的不动产投资知识与实操，选一个优秀的REITs发起人基本上就能实现稳定的收益——各位读者通读本书足矣。

其次，收益稳定。由于各国对于REITs一般会有：较高的强制分红比例要求，或者只有高比例分红才能享受税收优惠，所以REITs基本上会将至少90%的收益分配给投资者；至少75%的资金投向成熟不动产项目，这也铸就了REITs回报稳定的名声。

最后，流动性较好。REITs尤其是可以随时交易的公募REITs，比起不动产动辄数月的漫长交易周期，流动性着实提高了好几个级别。

2. REITs：大开发商便捷、低廉的融资工具

从企业的角度来看，REITs为不动产开发商提供了一种快周转、低成本的融资工具。

首先，REITs的快周转是通过将难以变现的不动产打包并注入REITs，出让不动产所有权的同时企业资金得到快速回笼，资金利用率和周转率得到了大幅提升。

其次，由于不动产被打包放入REITs，本身能够产生稳定的现金流，与母公司的风险进行了隔离，所以融资成本往往比母

公司成本低。举一个极端的例子，2020年左右开始陷入困境的上市公司泰禾集团（股票代码：000732）的融资成本肯定是非常高的，年化成本超过10%是肯定的，但是如果打包若干个成熟的泰禾广场并成功发行了一个商业REITs，由于泰禾集团破产的风险得到了充分隔离，那么泰禾商业REITs的资金成本大概率是可以做到低于年化10%甚至8%的。

总而言之，REITs是60年前一项伟大的金融创新，把不动产这种原来非标准化、投资门槛高、流动性差的投资，转化成了标准化、投资门槛低、流动性强的一种金融产品。

二、REITs不是什么

前文为大家介绍了REITs是什么，然而很多朋友仍然对于REITs定义的理解较为模糊，因为市场上充斥着"REITs是介于股票和债券之间的投资""投资REITs其实就是投资不动产"之类的简单粗暴的结论。这里为大家进一步厘清REITs与债券、股票以及房地产直接投资的区别。

1. REITs不是债券

（1）债券面值为1块钱，而REITs面值往往不是1块钱，比如2021年我国首批基础设施REITs的发行价格（面值）通过询价确定。

（2）债券有确定的利率，比如每年利率3%，REITs的分红率或者叫股息率并不确定，确定的只是分红与可分配收益的比例。举个例子,如果可分配收益是100元,90元被用于分配,总共100股,那么每股分红0.9元。如果REITs价格为10元,则分红率为0.9/10=9%,如果REITs价格为9元,则分红率为0.9/9=10%。

(3)债券的评级依赖于发债的主体,而REITs的评级完全靠自己。还是以2020年前后陷入破产危机的泰禾集团为例,如果发行债券,也就是想向别人借钱,会出现两种情况:第一个是大家都不愿意借给他,第二个就是就算是借给他,成本也很高,因为万一泰禾集团破产,那么借款搞不好就收不回来了,大家看的是泰禾集团的信用情况。而如果泰禾集团将旗下泰禾广场打包发行商业REITs,那么即使泰禾集团破产,投资这个商业REITs的投资者也不会受到破产的直接影响,因为泰禾广场等于是已经卖给了REITs的份额持有者,跟原来的业主也就是泰禾集团没有直接关系了,实现了风险隔离并保障了REITs投资者的利益。

2. REITs不是股票

(1)股票没有REITs的强制、稳定的分红要求。

(2)股票的价格变动幅度更大,交易更活跃。REITs投资者一般是买入并长期持有,所以整体来说,交易的活跃程度远远不及一般的股票。

3. REITs不是直接投资不动产

(1)直接投资不动产需要很大的资金量,1000块钱基本上没有机会投资；而投资者拿着 1000 块钱则可以投资上市的 REITs。

（2）直接投资不动产需要找人管理，以保证收益率；而 REITs 已经为投资者找好了专业的管理者，投资者只需要支付相应的管理费用即可。

（3）直接投资不动产流动性很差，不好变现。比如，买了一套住宅，没有三五个月的来回协商、谈判，基本上很难成交，如果是一整栋住宅，那么交易的时间可能要以年来计算；而上市 REITs 可以在交易日随时交易变现，轻松又愉快。

（4）直接投资不动产往往得不到定期披露信息。如果是几个朋友搭伙买了一栋楼，那么你是大股东还好，可能能够及时得到不动产的运营信息，比如出租率、租金水平等信息，假如你不是大股东，那么要是大股东不愿意披露或者看心情来决定是否披露运营信息，那么你也只能被动接受这种情况；而上市的 REITs 则不存在这种烦恼，监管机构要求定期、准确地披露每一个不动产的运营数据——对所有投资者都一样，不论是大股东还是小股东。

| 第三节 | REITs 的分类

参照基金类产品，可以从募集渠道、投资标的、主体类型、管理制度、运作方式 5 个维度把 REITs 划分为不同的类型。

1. 募集渠道

根据募集渠道不同，分为公募 REITs、私募 REITs 以及公募非上市 REITs。公募 REITs 可以对不特定公众投资者募集资金，一般投资者人数要求至少 100 人；私募 REITs 仅能针对特定人群或者机构募集资金；公募非上市 REITs 是美国一种介于公募和私募之间的 REITs，它已经在美国证监会登记备案，但是不公开发行或者上市。

2. 投资标的

根据投资标的不同，分为资产 REITs 和抵押 REITs。资产 REITs 直接投资并持有不动产，除了林地 REITs 主要通过出售木材获取收入，对于其他资产 REITs 来说，租金是主要的收入来源。美国 REIT 协会（NAREIT）将资产 REITs 根据不动产的类型进一步细分为 12 种不同类别，分别是工业、办公、零售、住宅、酒店、健康护理、自取仓储、林地、基础设施、数据中心、多元化、特殊资产（见表 1-1）。抵押 REITs 不直接投资于不动产，而是投资于不动产抵押贷款或者其证券化产品，贷款的利息是主要的收入来源。

表 1-1 REITs 根据投资标的分类

REITs 类型	投资标的	特　点
资产 REITs	工业	常见的有仓储或者区域性配送中心。电商的发展极大地带动了工业地产尤其是物流地产的发展
	办公	不同的办公 REITs 可能聚焦不同的细分市场，比如有的聚焦市中心的物业，有的专注郊区的物业，又或者专注某个行业，比如生物制药类的物业需求

续表

REITs 类型	投资标的	特　　点
资产 REITs	零售	常见的有购物中心、区域性的商场和独栋小商场三个子类别
	住宅	常见的有单元房、学生公寓、装配式可移动住宅、单个家庭住宅
	酒店	不同的酒店 REITs 一般会聚焦不同层次的酒店细分市场
	健康护理	包括养老院、医院等
	自取仓储	持有并管理该类型的不动产，租金是其稳定的现金收入来源
	林地	木材销售是其稳定的现金收入来源
	基础设施	包括无线基站、通信基站和能源管道等
	数据中心	客户使用场地主要用于存储数据，一般会需要一些特殊的服务，比如提供不间断的电源、空调等
	多元化	持有并管理多种类型的不动产，比如工业和办公类不动产
	特殊资产	特色 REITs 持有不属于其他 11 种类型的资产，比如电影院、赌场、农场、中外广告牌等
抵押 REITs	抵押贷款	不直接投资不动产，通过投资不动产作为抵押物的贷款（包），利息是其稳定的现金收入来源

数据来源：NAREIT。

资产 REITs 占据市场主导地位。从美国上市 REITs 的数据来看（见图 1-1），抵押贷款为投资标的的 REITs 市值占比是 4%，其他 96% 都是资产 REITs。在资产 REITs 中，市值占比最高的是基础设施（16%），其次才是住宅（14%）和零售（12%）。

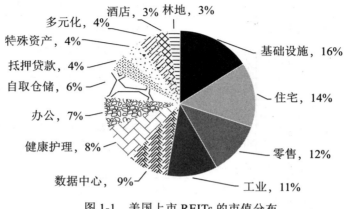

图 1-1　美国上市 REITs 的市值分布

数据来源：NAREIT，数据截至 2021 年 5 月。

3. 主体类型

根据主体形式不同，可以分为公司型 REITs 和信托型 REITs。公司型 REITs 本身是一个公司主体，具备法人资格，REITs 份额持有人就是公司的股东，设立的依据是公司法。信托型 REITs 又称契约型 REITs，REITs 本身不具备独立的法人资格，只是根据信托契约募集资金并投资于不动产，根据份额取得收益。港交所要求上市的 REITs 必须是契约型，其管理更加灵活；而美国 REITs 近年来越来越多采用公司型主体形式，主要是出于提高参与各方利益一致性、提高投资回报的考虑。

4. 管理制度

根据管理制度不同，可以分为内部管理型 REITs 和外部管理型REITs，如表1-2所示。内部管理型REITs发起人任命内部人/关联方在REITs层面以及物业层面进行管理，而外部管理型REITs任命外部第三方担任这两个角色。

内部管理型的优势在于发起人得到了更大的话语权，避免了外部任命的管理者与份额持有人利益不一致的问题，即代理人利益冲突的问题，能在一定程度上提高REITs的投资回报。

内部管理型REITs的劣势在于，内部管理型REITs发起人的话语权过重，控制了日常运营的基本所有参与方，存在利益输送、损害其他REITs份额持有人利益等风险。

表1-2 不同管理制度的REITs特点比较

	内部管理型	外部管理型
代理人利益冲突	低	高
管理者独立性	低	高
利益输送风险	高	低

5. 运作方式

根据运作模式不同，可以分为开放式REITs和封闭式REITs。开放式REITs的资金规模在发行之初并不固定，碰到优质的不动产，管理者可以随时灵活地增发份额发起并购，为投资者带来更多收益，同时投资者可以随时赎回份额。开放式REITs的灵活性带来了一定的便利，但也带来了投资的不确定性，REITs管理者需要时刻关注投资者的赎回，因为这关系到手上可用于投资的资金多少，以及投资周期。封闭式REITs的资金规模在发行初期就确定，避免了规模变化带来的不确定性，在封闭期内可以安心地专注于投资，但也失去了面对优质投资标的时快速募集资金的机会。

封闭式 REITs ≠ 不能交易

2021年我国首批基础设施公募REITs都采用了封闭式REITs的形式，以保证投资期间资金的稳定性，产品封闭期最高达到99年，这意味着99年投资者都无法赎回所持有的公募REITs基金份额，但是，这并不妨碍REITs投资者把份额卖给二级市场的其他投资者。作为上市的公募REITs基金份额持有人，投资者随时都可以在二级市场上买进和卖出REITs基金的份额，跟买卖其他基金和股票没有本质区别。

第四节 REITs 全球发展简史

REITs 1960年诞生于美国，REITs的全球发展史，有一半是由REITs在美国的发展史构成，另一半则是由REITs在亚洲的发展史构成。

一、REITs在美国：一部市场需求推动立法的发展史

1960年："旧时王谢堂前燕，飞入寻常百姓家"

1960年9月14日，美国总统艾森豪威尔签署《REITs法案》，正式开启了REITs时代，随后第一批REITs正式面世。

从前只有巨富才能参与的大型不动产项目,正式对中小投资者敞开大门!

1965—1974 年:抵押 REITs 大行其道

刚开始的几年,REITs 发展得不温不火,但从 1965 年开始,随着"二战"后美国土地开发和建设需求的逐步释放,REITs 开启了快速发展的第一个 10 年。根据美国 REITs 协会的数据,全美 REITs 规模从最初的 10 亿美元增长到约 210 亿美元,其中大部分的增长来自抵押 REITs。抵押 REITs 得到快速发展,离不开 1960 年《REITs 法案》中"不动产业主及其内部人不得运营所拥有的不动产"条款的限制。既然无法自营以增加回报,相对于资产 REITs,抵押 REITs 显然是更理想的选择:只管收利息,只要抵押贷款不大面积违约,REITs 回报更有保障。

但是在此期间,美国遭遇了石油危机,包括 REITs 在内的房地产行业发展受到影响。

1975—1991 年:稳定发展,波澜不惊

20 世纪 70 年代的前半段,美国 REITs 以及房地产行业受到石油危机影响,经历了短暂的下挫,70 年代后半段才逐步缓过劲来,1975 年以来总体市值稳步上升(见图 1-2)。美国国会分别于 1976 年和 1986 年推出了税改法案,其中 1986 年税改法案由于允许不动产业主自营不动产(以提高业主积极性)以及禁止利用有限合伙企业将房地产投资损失与其他收入合并避税(只能真正投资 REITs),极大地提高了业主和投资者的参与热情。虽然期间也经历了 1989—1990 年房地产价格下跌,但是事实证

明，这只是 REITs 快速发展道路上的小插曲。

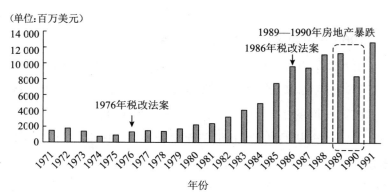

图 1-2　富时指数美国 REITs 市值（1971—1991 年）

数据来源：NAREIT。

1991 年至今：爆发式增长，市值破万亿美元

前期政策铺垫伴随着美国经济快速发展，1991 年富时指数美国 REITs 创出历史新高，规模将近 130 亿美元。尝到甜头的开发商们掀起了一波大型 REITs 上市潮，1991—1993 年，Kimco、Tauman、Simon 接连上市，Simon 更是以 8.4 亿美元的融资额成为当时最大的 IPO 项目，Simon 集团今天也成长为世界最大的 REITs 集团之一。事实证明，这只是 REITs 行业大爆发的前奏，因为仅仅 6 年后的 1997 年，市值已经突破千亿美元，达到 1405 亿美元，到了 2016 年 6 月，富时指数美国 REITs 市值一度突破 1 万亿美元（见图 1-3），美国广大投资者也分享到了国家"地大物（业）博"的甜头。

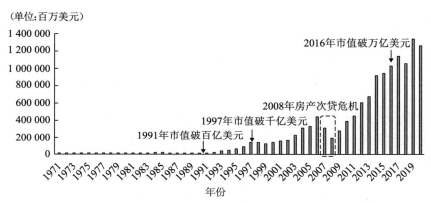

图 1-3　富时指数美国 REITs 市值（1971—2019 年）

数据来源：NAREIT。

市场需求逐步推动立法改革。从 1993 年起，限制 REITs 发展的法律条款逐步被删除，同时国会通过了一系列利好 REITs 发展的法案，包括吸引养老基金，减免 REITs 层面及其投资者的税收，减负外国投资者税收，先后免征英国、日本等国养老基金投资美国 REITs 分红所得税（见图 1-4）等。通过梳理自 1960 年以来美国政府推出的 REITs 相关政策及其影响（见表 1-3），我们不难发现，美国 REITs 发展也经历了一定的反复，比如从开始的不允许业主自营物业到允许自营物业甚至允许开设子公司开展房地产有限度的开展房地产以外的业务；从 1960 年艾森豪威尔以国家税收将减少为由拒绝为 REITs 减税，到 REITs 层面减税、投资者层面税收减免、外国投资者税收减免，无不经历了长时间的斟酌与考量才得以实现，政策的推进与落地绝非一蹴而就。

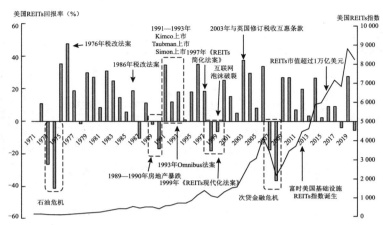

图 1-4 美国 REITs 投资回报率及 REITs 指数（1971—2019 年）

数据来源：NAREIT。

表 1-3 美国 REITs 重要政策法规及其影响

时间	重要事件	内容及影响
1960 年	《REITs 法案》	1. REITs 只能以信托架构存在； 2. 需要将至少 90% 的税前利润分配给投资者，以获得 REITs 层面税收豁免； 3. 至少需要将 75% 的资金投资到可以产生稳定现金流的资产； 4. 出售资产的收入占总收入比例不得超过 30%； 5. 不动产业主及其内部人不得运营所拥有的不动产
1976 年	1976 年税改法案（Tax Reform Act of 1976）	除了信托架构之外，允许 REITs 以公司的架构存在
1986 年	1986 年税改法案（Tax Reform Act of 1986）	1. 允许业主内部相关公司运营其拥有的不动产； 2. 禁止纳税人利用有限合伙企业将投资房地产的损失和其他收入混在一起来避税

续表

时间	重要事件	内容及影响
1991 年	Kimco 上市	标志着现代 REITs 时代的到来，房地产行业进入复苏阶段
1992 年	Taubman 上市	第一只伞型合伙 REITs（UPREIT）上市，业主通过直接以资产兑换成 REITS 股份，而不是出售给 REITs，避免被征收物业出售的所得税。创新的避税方式吸引了众多传统开发商效仿，伞型合伙 REITs 以及更新颖的 DownREITs 风靡全美
1993 年	Simon 上市	IPO 融资 8.4 亿美元，创造了当时 IPO 融资额之最。目前 Simon 地产已经成为世界上最大的上市 REITs 之一
1993 年	Omnibus 法案通过	REITs 5/50 规则（5 个主体持股不能超过 50%）对共同基金和养老金的股东数实行穿透原则，共同基金与养老金可以更容易地投资 REITs
1997 年	《REITs 简化法案》（REITSA）	1. REITs 资本利得不在投资者层面征收，只在 REITs 公司层面征收； 2. REITs 外国投资者分红税率降到 15%，以吸引国外投资者
1999 年	《REITs 现代化法案》（RMA）	允许 REITs 成立纳税主体子公司，有限程度开展不动产以外的业务
2003 年	与英国修订税收互惠条款	英国养老基金投资美国 REITs 所获分红免税。随后美国与日本等国相机签订了类似税收优惠条款，以吸引国外养老基金投资
2012 年	基础设施 REITs 被纳入 REITs 指数	富时美国资产型基础设施 REITs 指数诞生
2016 年	公募 REITs 市值持续增长	2016 年 6 月，公募 REITs 市值首次超过 1 万亿美元

数据来源：NAREIT，各公司网站。

通过观察美国 REITs 回报率（见图 1-4）可以发现：

（1）REITs投资回报存在一定的周期性。REITs在经济下行期间，投资回报率短期可能会有较大幅度的回撤，跟股票一样会存在价格的波动性，甚至政策也会在一定程度上造成市场短期的波动。

（2）长期来说，一个基数庞大、需求旺盛的房地产市场自我调节能力是不容忽视的。REITs市场经历了一系列短期波动之后，整体仍然稳定向上蓬勃发展，长期持有的收益还是相当丰厚的。

二、REITs：美国之外，亚洲逐步走向舞台中央

在美国1960年引入REITs之后，REITs来到欧洲，1969年落地荷兰，紧接着1971年落地澳大利亚。亚洲市场方面，2001年日本首先推出REITs，新加坡2002年也由当地最大的开发商凯德集团推出首只REITs——凯德商用REITs。2003年我国香港证监会颁布《房地产投资信托基金守则》，2005年领汇（现改名"领展"）REITs成为第一只登陆港交所的基金。到2021年6月，全球有约40个国家和地区推出了REITs，全球REITs总市值已经超过2万亿美元。

REITs：后劲十足的亚洲，不容忽视的中国资产

虽然直到2001年日本才推出第一只REITs，但是目前日本已经成为REITs市值仅次于美国的市场（见图1-5）。根据知名地产研究机构第一太平戴维斯（Savills）2019年初的统计，新加坡和中国香港的公募REITs大约在中国内地布局了80个左右的物

业，所以新加坡和中国香港虽然面积较小，但凭借着在中国内地的不动产，也占据着市值前十名中的两席。从 REITs 数量来看（见图 1-6），亚洲市场整体拥有 193 只 REITs，仅次于美国和欧洲。同样根据第一太平戴维斯的估计，中国内地的 REITs 市场规模至少有 3 万亿美元，是目前美国 REITs 市场规模的两倍以上。

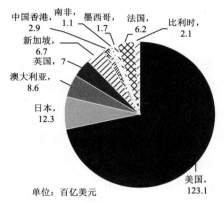

图 1-5　REITs 市值前十名的国家和地区

数据来源：Bloomberg，数据截至 2020 年 9 月 30 日。

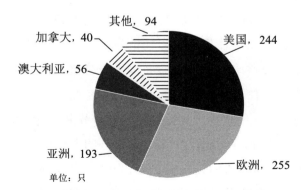

图 1-6　主要地区和国家的 REITs 数量

数据来源：Bloomberg，数据截至 2020 年 9 月 30 日。

第五节 REITs 在中国

一、基础设施 REITs 成为首批试点

自从 2008 年开始,党中央、国务院以及住建部等各部委先后多次发文鼓励房地产投资信托试点(见表 1-4)。2008—2018 年,住宅一直是政策关注及鼓励试点的板块,但是 2021 年发行的首批 REITs 试点仅限于基础设施领域,住宅板块业务并未纳入试点,背后深层次的原因在于以下四点:

首先,党的十九大明确提出"房子是用来住的,不是用来炒的",强调了住房的居住功能属性。"房住不炒"是引导我国房地产住宅领域未来发展的主旋律。若首批试点纳入住宅板块,加强了业务的金融属性,那么投资者以及整个住宅市场的预期可能会朝着监管层不希望的方向发展。

其次,住宅租赁业务的推进一波三折。自 2016 年以来,不仅监管层面大力支持住房租赁市场的发展,部分一线、二线城市还得到了中央财政的支持。然而以蛋壳公寓为代表的一系列违约事件表明,住房领域业务的金融属性容易被加强并放大,经营难度并不低,经营者一旦被打乱发展的节奏,最终租户和业主的利益难以保障,与监管层"稳步"推进的方针相背离。因此,监管层对于住房板块 REITs 业务的推出必定十分慎重。

再次,REITs 相关法律配套并不完善。REITs 业务推进实际

上是一个"摸着石头过河"的过程。我国尚未建立针对REITs的法律架构。单从架构来说，REITs发行参考的是公司法、信托法、证券投资基金法以及相关文件的精神。从REITs在美国的发展历史我们也看到，立法也并非一日之功，而是法律逐步匹配甚至引导市场需求。所以将一般群众接触频率不高的基础设施作为试点，即使出现一些波折，监管层回旋的空间也相对充足，社会影响也相对可控。

最后，我国作为举世闻名的"基建狂魔"，城镇基础设施建设投资额一直稳步增长，从2005年约2万亿元增长到2014年11万亿元，再到2019年超过18万亿元，总体存量规模约130万亿元，这些年积累下来的基础设施投资的底层资产较为丰富，优质项目储备充足，能够为REITs产品提供足够优质的底层资产。假如基础设施的证券化比例达到1%，规模将超过1万亿元，体量已经位居亚洲第二，仅次于日本——而这仅仅是基础设施业务板块。

我国REITs相关的重要文件与内容见表1-4。

表1-4 我国REITs相关的重要文件与内容

时间	重要文件	内容
2008年	《关于当前金融促进经济发展的若干意见》	开展房地产信托投资基金试点，拓宽房地产企业融资渠道
2010年	《关于加快发展公共租赁住房的指导意见》	探索运用保险资金、信托资金和房地产信托投资基金拓展公共租赁住房融资渠道
2014年	《关于进一步做好住房金融服务工作的通知》	支持房地产企业积极稳妥开展房地产投资信托基金（RETTs）试点

续表

时间	重要文件	内容
2015年	《住房和城乡建设部关于加快培育和发展住房租赁市场的指导意见》	积极推进房地产投资信托基金（REITs）试点。推进REITs试点，有利于促进住房租赁市场发展，各城市要积极开展REITs试点，并逐步推开
2016年	《关于加快培育和发展住房租赁市场的若干意见》	支持符合条件的住房租赁企业发行债券、不动产证券化产品；鼓励金融机构按照依法合规、风险可控、商业可持续的原则，向住房租赁企业提供金融支持，稳步推进房地产投资信托基金（REITs）试点
2016年	《关于积极稳妥降低企业杠杆率的意见》	支持房地产企业通过发展房地产信托投资基金向轻资产经营模式转型
2018年	《关于推进住房租赁资产证券化相关工作的通知》	重点支持住房租赁企业发行以其持有不动产物业作为底层资产的权益类资产证券化产品，积极推动多类型具有债权性质的资产证券化产品，试点发行房地产投资信托基金（REITs）
2020年	《关于推进基础设施领域不动产投资信托基金（REITs）试点相关工作的通知》《公开募集基础设施证券投资基金指引（试行）》	推进基础设施领域REITs试点相关工作： 1.地域上，优先支持六大区域，包括京津冀、长江经济带、雄安新区、粤港澳大湾区、海南、长江三角洲等重点区域，支持国家级新区、有条件的国家级经济技术开发区开展试点； 2.行业上，优先支持基础设施补短板项目，鼓励新基建项目，包括七大行业：仓储物流、收费公路等交通设施，水电气热等市政工程，城镇污水垃圾处理、固废危废处理等污染治理项目，鼓励信息网络等新型基础设施，以及国家战略性新兴产业集群、高科技产业园区、特色产业园区等开展试点

续表

时　间	重要文件	内　　容
2021年	《基础设施领域不动产投资信托基金（REITs）试点项目申报要求》	1. 地域上，继续支持重点支持六大区域，全国各地符合条件的均可申报； 2. 行业上，继续支持基础设施补短板、新基建项目外，保障性租赁住房也被纳入，但要求是直辖市或人口净流入大城市； 3. 规模上，首发资产规模不低于10亿元，扩募不低于首发规模的2倍

数据来源：各部门网站。

二、利国利民的投资品种

1. 利国：经济效益与社会效益兼得

首先，REITs尤其是公募REITs将平滑房地产周期，减小市场波动。由于公募REITs需要披露租金、空置率、收益率、物业估值等关键信息，全体房地产市场参与者有了更多的参考信息，市场变得更透明，投资决策也更加理性，供需错位造成的市场波动因此减小，促进房地产市场健康发展。

其次，减轻地方政府财政压力。一方面，地方政府通过将其投资的基础设施资产证券化成公募基础设施REITs产品，投入的资金得到快速回笼，地方财政资金利用效率得到提高，负债率降低，地方财政状况得到改善；另一方面，虽然民营企业主导的住房租赁市场试点磕磕碰碰，但是由政府主导的公租房业务是符合监管层"稳健"推进的住宅租赁业务，如果有REITs助力公租房的发展，有可能让公租房进入一条新的发展快车道。

再次,完善资本市场,鼓励长期价值投资。一方面,REITs目前的全球规模超过2万亿美元,已经发展成占有重要市场地位的投资品种,REITs的到来为中国资本市场补上了重要的一块缺口;另一方面,由于REITs短期价格波动较小,适合买入并长期持有,有利于培养投资者长期投资、价值投资的行为习惯。

最后,支持科技创新。基础设施REITs中的科技园区细分板块对于科技创新的支持十分关键,在国外已经形成了大型的专注于科技园区、IDC数据中心的REITs,对于降低科技创新成本,鼓励创新有着积极的促进作用。

2. 利民:投资稳,促就业

首先,公募REITs为中小投资者打开了投资大型项目的大门,对于广大风险偏好较低的投资者带来了一个能带来稳定回报的投资品种,在风险可控的前提下,在一定程度上提高部分投资者的收益率。

其次,REITs产业的发展将伴随着大量的就业机会。根据房地产证券化协会(ARES)2012年的研究发现,2001—2011年,REITs为日本累计创造了30万个工作岗位,而2012就有8 000多个岗位与REITs直接相关。欧洲也有相关的研究表明REITs业务发展对于第三产业的就业有一定积极作用。而我国REITs刚起步,需要大量的房地产、会计、法律专业人员来支持企业的发展,相关的就业带动作用也将逐步显现。

——— 第二章

为什么建议买 REITs

在介绍为什么要买公募REITs基金之前,进一步厘清并明确REITs的概念及其边界十分必要。公募REITs基金,全称是"公募不动产投资信托基金"。这个名字可以分解成两个关键词来理解:第一个是"公募基金",第二个是"投资于不动产的信托"。第一个关键词"公募基金",广大投资者都比较熟悉了,就是可以面对所有公众募集资金的基金产品,把大家的钱拢到一块儿做投资,那么这个基金投资的标的是什么呢?是不动产,也就是第二个关键词。

既然REITs是投资于不动产的公募基金,那么与其他的公募基金比较,比如投资于债券或者货币市场的基金(一般称为"理财")以及投资于股票的基金,REITs有什么优势呢?同样是投资于不动产,REITs与不动产直接投资相比优势又在哪里呢?为什么强烈建议广大读者不能再闭着眼睛买不动产尤其是住宅呢?本章将一一为你揭晓。

第一节 公募REITs基金比理财强在哪儿

REITs与理财同样是公募基金,只是投资的对象不同。REITs投资于不动产,而大部分的理财是投资于债券。相对于市场上大部分的理财产品(投资于债券),公募REITs基金的优势在于:REITs股息率要高于一般理财;而且REITs不依赖于发行主体的信用状况，能够很好地与发行主体实现完全的风险隔绝。

1. REITs 股息率高于理财

股息率，即用每股得到分红或者股息的数额除以股价，得到的比率。而传统上我国上市公司分红不是太慷慨，近年来因为监管强制要求分红比例，股息率才得到一定程度的提高。

国家发展和改革委员会以及中国证券监督管理委员会对于发行 REITs，股息率的要求是不低于 4%。而代表无风险利率的 10 年期国债（见图 2-1）在 2021 年 7 月初央行降准之后已经跌破 3%，大家耳熟能详的余额宝（见图 2-2）7 天年化的收益率也已经从几年前的年化 6% 左右大幅下跌，目前在 2% 左右徘徊。更重要的是，我国利率下行趋势在可见的未来无法逆转。换句话说，今天看到的 10 年期债券收益率跌破 3%、余额宝收益率勉强维持在 2% 还不是理财收益的底，还可能往下跌。

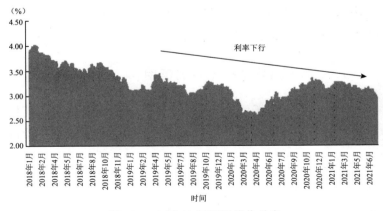

图 2-1　中国 10 年期国债收益率

数据来源：Wind，截至 2021 年 7 月 20 日。

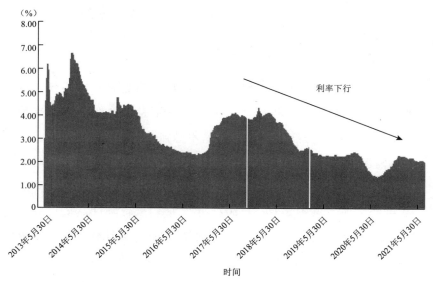

图 2-2 余额宝 7 天年化收益率

数据来源：Wind，截至 2021 年 7 月 20 日。

我们以 REITs 股息率的最低标准 4% 来计算，以目前的收益率来比较，REITs 大概是余额宝收益的 2 倍，是一般理财收益的 1.33 倍。从分红率高低角度来判断，选择哪个投资品种一目了然。

2. REITs 不依赖发行主体的信用

REITs 的信用等级依靠的是资产的质量和运营情况，而债券需要依靠发行主体的信用。这句话有点抽象，举个例子大家可能更容易理解。2021 年，以泰禾集团（股票代码：000732.SZ）濒临破产的状况而言，想要在市场上发行债券已经十分困难，泰禾集团的债券基本无人问津。因为就算利息再高，万一泰禾集团破产导致资不抵债，投资者将直接面对投资款本金损失，投资款无法全部收回的风险。在这种发行主体信用极端恶劣的情况下，如果国家政策允许购物中心作为底层资产装入 REITs，泰禾集团就可以把旗下运营状况良好的优质资产泰禾广场打包成为上市 REITs 的资产，就算分红率仅仅是 4% 左右，投资者也是愿意投资的。因为泰禾广场 REITs 已经是一个单独的主体，并不依赖泰禾集团本身的信用情况，哪怕泰禾集团破产，泰禾广场 REITs 的投资者也不会受到影响。所以，REITs 相对于债券的独立性更强，与发起人／原资产权益人的风险实现了完全的隔绝。

第二节 买股票基金还是公募 REITs 基金

以股票为标的的公募基金与公募 REITs 基金一样都是公募基金，二者差别在于投资标的：投资股票还是投资不动产。公募 REITs 基金的比较优势在于两个方面，REITs 的基金净值更加稳定，同时 REITs 股息率要高于一般的股票型基金。

1. REITs 的基金净值更稳定

REITs 的净值以底层的资产估值为基础，一般情况下变化不大，真有变化的话，基本上以资产升值为主（经营权型 REITs 净值随着经营权年限的缩短下降，这一点将在后面的章节详细讨论）。而股票基金的净值随着股票价格的波动而变化，变化幅度可能会比较大。比如 2020 年的顶级流量明星，易方达基金旗下的张坤，其执掌的易方达蓝筹精选在 2021 年 2 月 10 日净值达到 3.5287（见图 2-3），然而仅仅 5 个月之后，基金净值回撤 17%，也就是下跌了 17%，净值跌到 2.9354。而作为底层资产拥有者的 REITs 及其投资者，很难想象基金净值回撤 17% 的情形，短时间、大幅度的基金净值下跌发生的概率大概等同于金融危机发生的概率。

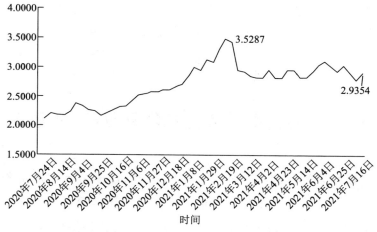

图 2-3　易方达蓝筹精选净值走势图

数据来源：Wind，截至 2021 年 7 月 16 日。

2. 更高的股息率

我们用沪深市场最优秀的公司与 REITs 的股息率进行横向的比较：沪深 300 与 REITs，看看谁的股息率比较高。由于 2020 年数据受到极端情况即新冠肺炎疫情影响，所以我们采用沪深 300 在 2016—2019 年的数据作比较。数据表明，沪深 300 整体的股息率大约在 2.2%。就行业来说，银行业最高，约 3.8%，已经是最接近 REITs 的水平。汽车、钢铁、地产板块的股息率大概在 2.3%～2.4% 之间。也就是说，哪怕投资者购买的基金买的都是沪深 300 范围内的银行股，2016—2019 年这四年间每年的股息率也是 3.8%，如果你的基金经理买了汽车、钢铁或者其他板块的股票，那么股息率会更低。REITs 最低的发行标准是，股息率 4%，比最优秀的银行股的股息率还要高 0.2%（占比 5%）——随着银行股价值回升，银行股的股息率将进一步下降，这也意味着与 REITs 股息率的差距进一步拉大。

第三节 冉冉升起的 REITs 和夕阳西下的不动产直投

对于政策，投资者习惯于低估其长期的影响力以及投资所需要的相应调整。

2003 年，我国政府正式确认房地产行业为国家支柱产业，低估了"支柱产业"这四个字的投资者们含恨踏空，眼睁睁地看着房地产迎来长达十余年的黄金时代，哪怕是 2008 年席卷全球的金融海啸也无法阻挡其蓬勃向上的狂野发展。

2021 年，国家发改委正式将"保障性租赁住房"加入到 REITs 试点（2021 年"958 号文"）。央行宣布将继续围绕"稳地价、稳房价、稳预期目标，持续完善房地产金融管理长效机制"开展工作。这些政策明确表明，我国政府将通过租赁住房等手段增加住宅供给，通过金融手段稳定房价及预期，政府下定决心要让住宅回归居住属性。简单地说，直接投资住宅的黄金时代已经渐行渐远，而包括租赁住房 REITs 在内的 REITs 已经到了蓬勃发展的前夜。

1. REITs 到底比直接投资不动产强在什么方面？

对于一般非专业投资者来说，与其直接投资不动产，不如投资公募 REITs 基金，因为后者的优势十分明显。

（1）投资门槛低

相对于直接投资不动产动辄百万元起步的投资金额，REITs 明显更加亲民，100 元至 1000 元起步的投资门槛可以说是没有门槛，这也让一般投资者有机会做大项目的股东，做大项目的收租公/收租婆。

（2）投资更分散，风险更小

因为 REITs 的投资门槛极低，同样的资金可以分散到更多的项目中去，把"鸡蛋"放到了更多的篮子中，相对于直接投资不动产而言，极大地降低了投资风险。假设投资者拥有 100 万元的资金，直接投资不动产可能仅够二三线城市非核心地段首付一套住宅，如果这一套住宅出现贬值或者任何其他情况，比如建筑质量不合格，那么投资者的钱包将直接被现实无情地暴捶。反观 REITs 投资，以 2020 年国家发改委和证监会的发行要求来看，每个 REITs 价值至少是 10 亿元人民币，本身项目稳定性极高，况且每个 REITs 本身不只投资一个项目，在 REITs 内部已经实现了分散投资，比如中金普洛斯投资的多个现代物流园区。而投资者可以在单个 REITs 分散投资的基础上，通过投资多个 REITs 进一步分散投资，比如每个 REITs 投资 10 万元左右，投资 10 只 REITs。投资 REITs 实现了至少 4% 的股息率，并且实现了两个层面的投资分散，极大程度上降低了投资风险。

（3）管理更专业

监管机构对 REITs 的管理者有明确的要求。REITs 发行的时候就已经找好专业的管理机构，管理机构配备的管理者至少要有 5 年相关经验，作为 REITs 管理者至少有 10 亿元的资产可以管理，就算是收取资产价值的 0.1% 的管理费，也有 1000 万元，已经非常可观，可以雇用大量专业人士进行全面、细致的管理。而直接投资不动产，投资者要么自行管理，要么利用私人关系网，找到朋友圈内最专业的个人或者机构来管理不动产，费时费力不说，效果也不好说，管理费用占收益的比例（管理费用率）也会更高，因为个人直接投资的规模较小，跟 REITs 一样支付 0.1% 的管理费，根本请不到优秀的管理者，要说支付 1000 万元的管理费，成本太高，操作起来实现的可能性也不高。

（4）信息更透明

监管机构对 REITs 有着严格的信息披露要求。例如，每年至少需要对资产价值定期评估 1 次，在购买资产或者出售资产达到净资产的 20% 时，需要一半以上的股东同意，达到净资产 50% 以上的，需要 2/3 的股东同意，有关联交易的也需要披露。凡此种种，总而言之，REITs 投资者的知情权得到了法律法规的充分保障，想要侵害 REITs 投资者合法权益并不容易。直接投资不动产，如果委托外部管理机构管理，由于管理费用并不充足，管理机构要么从其他地方"补足"管理费用,要么降低管理水平,以匹配管理费用的水平,而投资者难以获得全面、准确、及时的信息。

(5) 投资范围更广

2021年7月2日,国家发改委"958号文"规定:首次发行基础设施 REITs 的项目,当期目标不动产评估净值不低于10亿元,后期扩募规模至少为首期规模的2倍。也就是说,REITs 资产至少值10亿元,加上后期扩募的规模,至少值30亿元。请问各位读者,除了 REITs,哪一位读者身边有机会参与10亿元的大项目?一般投资者是难以接触到如此"巨额"的项目的,REITs 极大地拓展了一般投资者的投资渠道。而且这么大的项目,REITs 把份额切得够小,100元就能参与,说 REITs 是中小投资者的福音也不为过。

2. 不建议继续盲目投资住宅的原因

首先,我们国家的城镇居民十分钟爱甚至迷恋不动产投资。城镇居民对不动产尤其是住宅的迷恋,源自过去30年间价格的稳步上行。2019年城镇居民家庭资产约80%(准确地说是79.6%,见图2-4)是非金融资产,这80%里面约3/4(准确占比为74%,见图2-5)是住房,剩下约1/4是汽车、商铺、厂房等。也就是说,总资产的大约60%(79.6%×74%=59%)是住的房子。

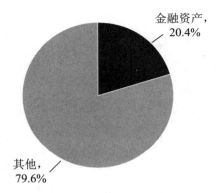

图 2-4　我国城镇居民家庭资产

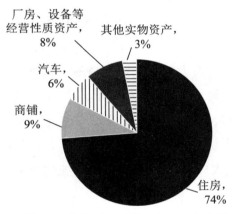

图 2-5　我国城镇居民非金融资产分解

数据来源：《2019 年中国城镇居民家庭资产负债情况调查》。

其次，住宅作为居民首要投资资产的基础已经逐步瓦解。过去 30 年住宅价格的不断攀升背后的推手是城镇化，而支撑城镇化的是进城的务工人员，也就是劳动力人口。只有劳动力人口源源不断进城，才有旺盛的居住需求，住宅的租金和价格也才会上涨。这也是为什么 2020 年左右各大城市开始逐步放开落户政策，开始"抢人"。有了"人",城市的一切才有了意义和价值。所以增长的劳动力人口才是住宅投资收益的最终保障,这也是为什么国家发改委2021年"958号文"要求租赁住房REITs试点城市必须是"人口净流入"城市的原因。

为什么说住宅投资大势已去?

第一,劳动力人口的增速已经减缓,近两年甚至出现了负增长。我国劳动力人口增速(见图2-6)从20世纪80年代的平均2.6%,下降到90年代的1.3%,再到21世纪前10年的1.0%,再到2010—2020年0.3%的增速,基本上是每10年下一个台阶,增速极大地放缓。实际上,2019年和2020年,我国劳动力人口已经出现连续两年负增长-0.1%。劳动力人口绝对值2019年开始下降,而劳动力人口占全国人口的比例下降得更早,自从2015年就开始下降(见图2-7)。所以无论是就绝对值还是就比例来说,劳动力人口都在下降。如果城市连进城务工的人都没有,人口处于净流出状态,那么谁来租房子住?新盖好的房子要卖给谁?没有新的人口流入,直接投资住宅还会香吗?

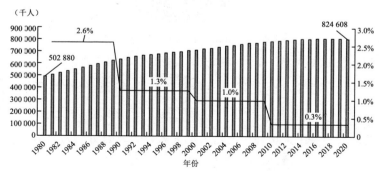

图2-6 我国劳动力人口数量和增速

数据来源:Wind。

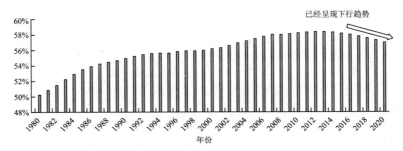

图 2-7 我国劳动力人口占比

数据来源：Wind。

第二，美国的经验也告诉我们，在这种形势下，不宜再直接投资住宅。先看看美国家庭住宅投资与劳动力人口的关系。从 1989 年到 2019 年的 30 年间（见图 2-8），美国的住宅投资占比与劳动力人口占比的变化趋势高度趋同。在这 30 年间，劳动力人口占比下降了 1.6%，从 50.1% 下降到 48.5%；同时期，

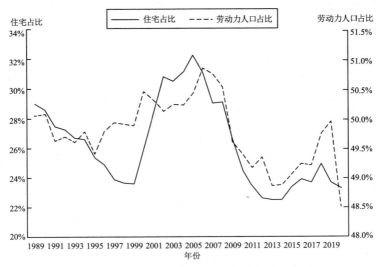

图 2-8 美国住宅投资占比和劳动力人口占比

数据来源：美联储、美国劳工局、美国商务部。

美国住宅占家庭资产的比例也从 30% 下降到 23% 左右。美国劳动力人口占比仅仅下降 1.6 个百分点,住宅的资产占比就下降了 6 个百分点(住宅在家庭资产的占比降幅约为 20%)。

我们国家和美国国情存在的重要差别之一就是:我们国家劳动力人口下降的速度和幅度将远远超过美国,未来劳动力人口数量不容乐观。根据国家统计局的数据(见图 2-9),我国 2019 年人口出生率为 1.048%,是 1949 年以来的最低水平。现有的劳动力来自至少 20 年前的出生人口,而现在出生的孩子 20 年后将陆续进入社会,成为劳动力人口。我国人口出生率低(见图 2-9、2-10),叠加老龄化的速度比美国快,所以,我们更有必要降低住宅在家庭资产中的比例。这背后的逻辑也很简单明了:劳动力人口所伴随着的旺盛住宅需求已经在快速降温,房价永远涨这一"信仰"的基础正在瓦解。

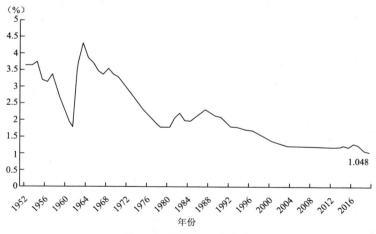

图 2-9 我国人口出生率

数据来源:国家统计局。

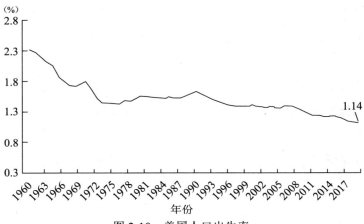

图 2-10 美国人口出生率

数据来源：Wind。

最后，REITs 成功填补了股权投资和债券投资之间的市场空白。在 REITs 出现之前，投资者基本上只有股票/股权和债权/债券（理财）两种极端的选项（见图 2-11）：要么选择高风险

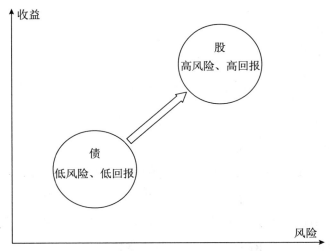

图 2-11 REITs 推出之前投资者的选择

高回报的股票/股权,要么选择低风险低回报的债券,并没有一个折中的选择。REITs 的落地为愿意"主动拥抱风险资产"的家庭带来了福音,REITs 填补了股权和债券之间巨大的空白地带(见图 2-12),向广大投资者提供了介于股、债之间的"中风险、中回报"的选择。对于大部分专注于中低风险资产的家庭而言,REITs 是个不错的选择:不用承受股权那般剧烈的价格波动,而又能享受到理财那般分红的快乐,而且收益率又比理财更高。

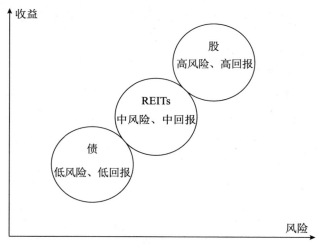

图 2-12 REITs 填补了股权和债权之间的市场空白

鲁迅先生在《旧调子已经唱完》里说:"贪安稳就没有自由,要自由就要历些风险。只有这两条路。"这句话套用于现在个人投资就是:劳动力人口上升和利率上行的"旧调子"已经唱完了的情况下,继续贪安稳(继续买债券、买理财)就没有体面的收益率,收益率就要下降;想要体面的收益率就要经历些投资风险,买点 REITs。只有这两条路!

第三章
REITs 的风险和收益

>一旦有适当的利润，资本就胆大起来。如果有10%的利润，它就保证到处被使用；有20%的利润，它就活跃起来；有50%的利润，它就铤而走险；为了100%的利润，它就敢践踏一切人间法律；有300%的利润，它就敢犯任何罪行，甚至冒绞首的危险。
>
>——《资本论》第一卷

马克思在其传世巨著《资本论》第一卷批判了资本不择手段逐利的劣根性，这也是最好的投资者风险教育。做投资，风险控制最重要，只有控制好了风险才能保证本金的安全，才能活下来。当然，"活下来"指的是没有把本金亏掉，从而在资本市场活下来，本书所涉及的风险仅限于合法合规投资的风险，有"绞首"风险的投资不在讨论范围之内，也不建议投资者参与。只管收益，不顾风险的投资行为对个人及家庭的负面影响是深远的——这往往是众多投资者消灭家庭财富的有力手段。

基于风控第一的考虑，本章第一节讨论什么是风险；第二节介绍买REITs存在的六大主要风险；第三节介绍应该如何应对/控制风险；第四节介绍REITs的收益情况；第五节综合分析REITs的风险和收益，分析REITs是否比其他大类资产更有吸引力；第六节介绍我国公募REITs基金的风险收益特征。

由于我国公募REITs基金属于新的投资品类，并没有历史数据，所以本章主要以国外尤其是REITs发源地美国的数据来探讨REITs的风险和收益特征。

第一节 什么是投资风险

到底什么是投资风险?

1. 最大的投资风险:没意识到投资有风险!

无论是白天在福建特色的茶桌上,还是夜晚在觥筹交错的酒桌之上,高谈阔论之时,常常有土豪朋友提起:听说你们之前投资的项目不错,到现在已经赚了好几十倍了,下次再有这样发财的好机会要算上我一份!这时我只能尴尬而又故作矜持地笑而不语。老实说,能在几年时间里让你赚几十倍的投资机会,往往伴随着的是投资失败、血本无归的风险。高收益一定伴随着高风险,做投资之前请各位读者一定要明白这个道理。中国银保监会主席郭树清曾经大致为投资者画了几条线:收益超过6%的就要打问号,超过8%的就很危险,10%以上就要准备损失全部本金。读者们投资之前最好拿着的这句话,套到想要投资的项目上,量一量收益以及对应的风险水平:是"打问号""很危险"还是"损失全部本金"?做投资,一定要有风险意识。

2. 最朴素的投资风险意识:防止本金亏损

相比没有风险意识而言,有保本意识的投资者已经是前进了一大步。然而,只顾保本带来的问题是:本金之外的盈利被认为不是"自己的钱",从而带来投资决策过于冒进的问题。

举个例子，投入本金 100 元，盈利 50 元，手上共有 150 元，此时面临一个投资机会，需要投入 150 元，可能损失 50 元，也可能盈利 100 元，要不要做这个投资呢？可能有一部分读者出于保本的想法，觉得用赢来的 50 元，博可能的 100 元，即使盈利全部损失，最后的本金 100 元仍然还在，不算亏本，值得放手一搏。这种想法的问题是，没有意识到，这 100 元初始的本金加上 50 元的盈利已经都是投资者现在的本金了。或者我把同一个场景换一个角度描述一下：投资者手上已经掌握有 150 元本金，面临一个投资机会：需要投入 150 元，可能损失 50 元，也可能盈利 100 元，顶着损失 50 元的风险，为了赚 100 元，此时你将如何抉择呢？

3. 最常用的投资风险定义：收益不稳

在投资学界和业界最常用的风险定义是，不确定性以及随之而来的收益的不确定性。简单来说，就是收益不稳就被认为有风险。什么叫收益不稳？拿美国上市 REITs 的价格来说，好的年份收益可以达到 +36%，不好的年份收益可以是 -50%。所以从价格来说，短期投资 REITs 的风险是很大的。那么什么是收益稳？还拿美国上市 REITs 来举例，这些个 REITs 的分红就很稳定，好坏年份的差别不会太大，哪怕是碰到 2008 年金融危机也能拿到分红。所以从分红来看，REITs 是风险比较小的。

第二节 买 REITs 有什么投资风险

上一节介绍了投资风险的定义,那么常见的投资风险有哪些呢?

市场风险是最常见的风险,即投资品由于各种事件的发生而价值下跌的风险。比如利率风险——利率上升会导致 REITs 以及债券价格下跌。还有就是社会人文大环境的变化导致的风险,比如新出生人口以及劳动力人口下降带来的投资风险。另一个大家比较关心的是通货膨胀的风险,俗称钞票"毛"了,钱不值钱了。信用或者叫作兑付风险,就是到了该支付本金或者利息的时间,主观上不讲信用,不愿意支付,或者客观上无法支付,造成无法兑付的风险,比如之前不断爆雷、到 2021 年基本销声匿迹的互联网金融点对点借贷平台(P2P),相当一部分的 P2P 客观上已经无法兑付投资者的利息以及本金,信用风险极大,所以监管机构要求它们要么停止运营要么转型为信息中介。最后就是微观层面的一些风险,比如投资的管理者没有与其地位相匹配的能力——管理者能力不足的风险,或者投资的管理者明明有能力管好投资,但是由于自身利益而不愿意把投资管到最佳状态——代理人利益冲突的风险。

那么,投资 REITs 有哪些常见的风险呢?

一、价格波动的风险

首先,也是最重要的一点,请各位看官谨记于心,默念三次:REITs 是有价格波动性的。REITs 行情好的时候收益相当不错,从图 3-1 我们可以看到,2019 年美国上市 REITs 的价格回报率(不包括分红)为 22.95%,而 1976 年的数值高达 36.53%,这在已经进入缓慢发展阶段的发达国家还是相当有吸引力的。然而作为风险提示,REITs 也是会跟股票一样,有时上涨,有时下跌,而且有时候跌得还挺厉害。

REITs 跌得最多的时候能跌多少?

先看看 2020 年,新冠肺炎病毒肆虐全球的一年,截至 2020 年底,美国上市 REITs 的价格回报是 -9.38%,这还是强力反弹后的数据。在美国新冠肺炎疫情开始蔓延的 2020 年 2—3 月,由于无法预测疫情发展的态势以及疫苗的研发进展,投资者开始恐慌并抛售 REITs。美国上市资产型 REITs 一个月之内总体下挫 42%,而抵押型 REITs 下跌超过 60%。

2020 年并不是 REITs 跌得最惨的一次。最惨的时候发生在第一次石油危机,REITs 在 1973 年和 1974 年连续两年下跌,跌幅分别为 33.11% 和 49.55%。这意味着,1972 年的 100 美元的本金,到 1974 年只剩下 33.75 美元。除此之外,REITs 还经历了 20 世纪 80 年代末的储贷危机、1998 年长期资本管理公司破产危机、2008 年次贷金融危机等数次大规模的金融危机以及随之而来的价格暴跌。

所以,大洋彼岸的历史经验告诉我们,REITs 碰到危机时刻,下跌的幅度也很大。

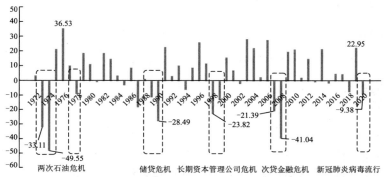

图 3-1　美国上市 REITs 的价格回报率

数据来源：NAREIT。

二、经济波动的风险

经济活动的波动直接影响到人们对房地产在内的不动产的需求，而不动产是 REITs 底层资产，底层资产需求受影响，REITs 的回报率自然漂亮不到哪儿去。经济活动的波动性主要包括经济增长情况、就业情况。

（1）经济增长率。如图 3-2 所示，我们可以看到，每当美国经济快速增长的年份，比如 1990—1998 年，克林顿执政期间美国经济高速发展，持续高速、稳定发展的经济大环境，带动了房地产为主的不动产需求，带来了 REITs 投资者稳定的收益。然而每当美国经济增长率下跌，REITs 的回报率大部分时候也难以独善其身，二者高度同步。

（2）失业率。如图 3-2、图 3-3 所示，在历次经济危机中，经济活动大幅下降，失业率自然居高不下。随着失业人口增加，居民收入减少，导致对不动产的需求减少，不动产的收益率下降，进而影响到 REITs 的回报率。

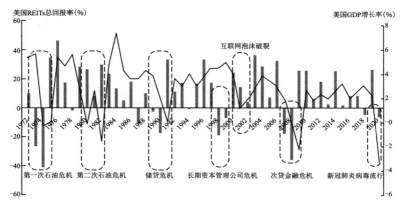

图 3-2　美国上市 REITs 的总回报率与美国 GDP 增长率高度同步

数据来源：NAREIT，美国国家统计局，作者整理制图。

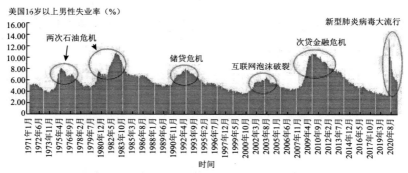

图 3-3　美国历次经济危机，失业率居高不下

数据来源：美国国家统计局，作者整理制图。

三、利率上升的风险

总体来说,利率越高,REITs 回报率水平越低。

利率,是利息与本金的比率。从投资者的角度来看,利率就是大家在银行买理财时得到的利息水平。利率升高会对 REITs 回报造成三方面的不利影响:首先,利率越高,REITs 底层资产或者叫投资标的(比如房子)的估值越低,那么 REITs 的价格就会往下走。所以利率上升,往往会导致 REITs 价格下跌,降低了价格回报。其次,REITs 一般都向外部机构借钱,就是有负债,利率越高,所支付的利息越多,可分配给投资者的分红就会减少。最后,利率上升后,投资者期望的回报率也上升,而 REITs 由于租金稳定,回报率也相对稳定,无法满足一部分投资者上涨的期望,这一部分投资者就会在利率上升的时期卖出 REITs 转投其他投资品种,进而造成 REITs 价格下降。所以利率上升,往往会降低 REITs 的回报。

美国的历史经验也表明,低利率环境往往能够为 REITs 投资者带来更好的收益。如图 3-4 所示,1981 年、1989 年、2007 年美国贷款利率上升到峰值(图 3-4 中的圆圈)后,当年或者其后一两年,REITs 或者说不动产市场作为一个整体回报率都下降得很明显。而 2008 年金融危机之后,美国央行维持了长时间的低利率环境,而这也带来了 REITs 投资者甜蜜的时期,2009—2017 年连续 9 年总收益为正,年平均总收益率(包括分红)为 14.85%,2018 年经历了短暂的回调之后,2019 年总收益率高达 28.07%。

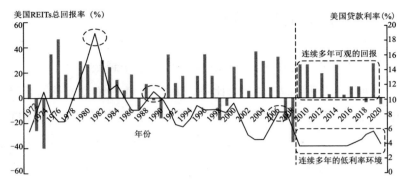

图 3-4 美国 REITs 总回报率与贷款利率

数据来源:NAREIT,美国国家统计局。

四、管理者能力不足的风险

毋庸置疑,管理者对于 REITs 投资者的价值是巨大的,而他们的能力高低直接决定着投资者收益。这里的管理者包括了 REITs 层面的管理者及其任命的不动产层面的管理者。那么,优秀的管理者能为投资者带来多大的收益?或者说,不称职的管理者会对收益带来多大的伤害呢? REITs 管理公司 Duff & Phelps 统计了 1997—2018 年期间 58 宗 REITs 以及 REITs 管理团队的并购案例发现,优质的管理团队平均的价值占到其管理的资产净值的 5.65%,在 2000 年的并购案中,这个数字更是高达 10%(见图 3-5)。这也意味着,同样的不动产,机构投资者平均愿意付出资产净值的 5.65% 的代价请一个优秀的管理团队,以提高管理效率,提高投资回报率。反过来理解,平庸甚至不称职的管理者造成的投资回报的降低可能是灾难性的。

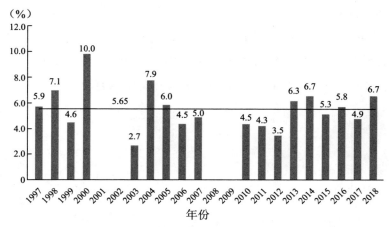

图 3-5 REITs 管理者的价值占资产净值的比例
数据来源：Duff & Phelps。

五、资产集中的风险

资产集中的风险有两层含义。

（1）REITs 规模较小，投资标的比较集中，仅有一两栋中小型不动产，比如一两栋办公楼，甚至是地理位置相邻的两栋办公楼。如果这一两栋不动产所在地区发生任何风吹草动，那么投资者的收益将受到巨大影响。

（2）REITs 资产集中于某一类型。在第一章我们为大家介绍过资产型 REITs，根据投资标的可以分为办公、工业、住宅、零售等 12 种类型，一般的 REITs 只会集中投资 12 种类型中的一种，比如专注于零售的 REITs。

例如，2020 年零售 REITs 的投资者是受伤最深的一个群体。

碰到 2020 年新冠肺炎疫情的极端情况,假如投资者把资金都集中投向零售 REITs,即使是大型的零售 REITs,虽然投资标的较为分散,但由于零售行业整体都受到严重冲击(见图 3-6),零售 REITs 投资者遭遇最惨重的损失自然就难以避免。

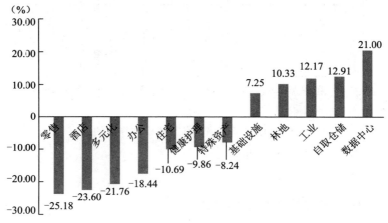

图 3-6　2020 年不同类型美国上市 REITs 投资总回报率
数据来源:NAREIT。

六、代理人利益冲突的风险

代理人利益冲突主要存在于外部管理型 REITs。第一章介绍过,REITs 根据管理类型可以分为内部管理型和外部管理型。如图 3-7 所示,典型的 REITs 有七个主要的主体参与,而内部管理型与外部管理型 REITs 的差别在于,REITs 发起人相当于 REITs 大股东——指定内部人/关联方担任 REITs 管理人和不动产管理人,而外部管理型由外部第三方担任这两个角色。

外部第三方担任资产管理者会带来显著的代理人利益冲突问题：资产管理者与资产所有者利益不一致。例如，当管理 REITs 的外部第三方遇到投资标的（比如一栋办公楼），往往有很强的冲动去投资这个标的，即使这个投资标的并不一定能够为股东/REITs 份额持有人带来很好的收益——但是一定能够提高外部第三方的管理费用收入，因为在全世界范围内常见的做法是，REITs 的管理费用与管理的资产规模挂钩，规模越大，收入越高。

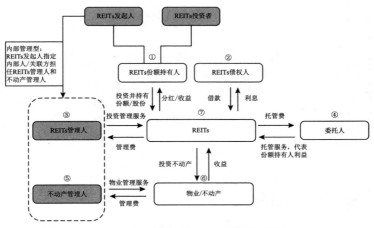

图 3-7　内部管理型 REITs 典型架构图

第三节　如何应对 REITs 的投资风险

上一节介绍了 REITs 投资的主要风险，既然风险这么多，风险看上去这么大，REITs 还能投资吗？本节就为大家介绍主要风险的应对方法。

一、价格波动——拉长持有时间

买入 REITs 并长期持有是最简单且有效的投资策略。假设投资者在 1971 年底投资了 100 元美国上市 REITs 指数基金（假如有的话），并且坚定持有到 2020 年底，那么这份投资现在值多少钱呢？答案是 8261.85 元（见图 3-8）。

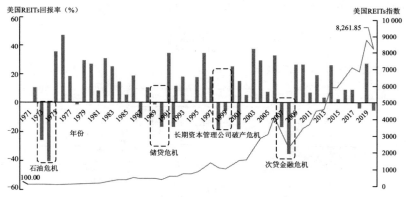

图 3-8 美国 REITs 指数及总回报率

数据来源：NAREIT。

50 年，超过 80 倍投资回报，慢慢变富，就是这么简单。50 年，81.6 倍投资收益率（价格上涨加上分红），换算成年化收益率是每年稳增长约为 10%。当然，坚定持有 50 年需要坚定的信念，甚至是信仰。因为在这持有的 50 年里，经济短期衰退不计其数，REITs 投资者需要面对至少四次大型金融危机，包括 1973—1974 年第一次石油危机造成的巨大损失（两年累计 -69%）、1989—1990 年储贷危机（两年累计 -19%）、1998—1999 年长期资本管理公司破产危机（两年累计 -25%）、2007—2008 年次贷金融危机（两年累计 -45%）。每一次的金融危机都意味着 REITs 价格的暴跌以及投资者资产的缩水。面对危机，能够临"危"不惧，继续坚定持有，需要对 REITs 的价值有深刻而坚定的认知。

如果短期炒作 REITs，投资者所面临的投资收益并不确定，而买入并长期坚定持有 REITs 的投资者，真的能够"躺赢"——中国银保监会主席郭树清曾提醒我国投资者，参与年化收益超过 10% 的理财，要做好本金损失的准备。可以说，美国上市 REITs 收益率已经很丰厚，丰厚到有点不真实，而广大美国上市 REITs 投资者却实实在在地享受到了这份回报。

二、经济波动——买对经济波动不敏感的 REITs

经济波动尤其是极端的突发情况将对 REITs 投资者造成损失，但是不是每一种 REITs 都是经济波动的受害者，投资者可以选择基础设施、数据中心、工业等具备"穿越牛熊"属性的 REITs。

首先，我们看看新冠肺炎疫情冲击下的 2020 年按照底层资产划分的不同类型 REITs 的表现（见图 3-6）。在 2020 年的极端情况下，由于居家隔离等防疫措施，消费者行动受限，无法出门购物、旅游，所以零售和酒店 REITs 自然受到最严重的冲击。然而，基础设施、林地、工业、自取仓储和数据中心五类 REITs 并未亏损，回报率仍然为正，数据中心在 2020 年的总回报率达到了 21.00%。

那么，这些在2020年表现出色的，是不是仅仅因为疫情才表现得如此出色呢？我们把时间拉长到三年（见图3-9），从图中可以看到通信信号塔REITs（基础设施REITs的一种）以22.9%的收益率遥遥领先，这可能跟美国通信设备商升级设备有关。除了通信信号塔，在2020年表现优异的数据中心、工业和自取仓储的回报率仍然靠前，但是林地的成绩并不亮眼。所以答案很明显：数据中心、工业、自取仓储由于和现代日常生活密切相关，它们作为底层资产的REITs的回报是稳定的，对经济波动相对不敏感。同时它们的收益率在所有类型的REITs排名中并不低，并没有出现因为稳定而收益率下降的情况，是投资者"穿越"经济周期的选择。

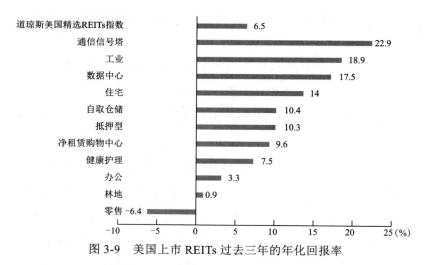

图3-9 美国上市REITs过去三年的年化回报率

数据来源：标普道琼斯，数据截至2019年。

三、利率上升——躺平以烫平利率周期

弱化时机选择，躺平以烫平利率周期。这里说的"躺平"并不是不进行投资活动，而是买入并长期持有REITs。给出"躺平"建议的原因在于，虽然利率水平对于REITs回报率有一定程度的影响，但是一般投资者难以准确预测利率的走向。如果仅凭猜测进行买卖操作，还不如"躺平"，也就是买完了就放着，忽略短期波动，放眼长期回报，因为无论多严重的金融风暴总有过去的时候，如图3-8所示，长期持有REITs能给投资者带来丰厚回报（50年80多倍的收益率）。

四、管理者能力不足——选个能力强的来管

国外的一项研究成果显示，优秀管理者的价值平均能够达到其管理的净资产的5.9%，那么怎么选择管理者呢？其实也很简单，跟选择基金经理一样，尽量选择历史业绩好的管理者。

虽然历史业绩并不能完全保证未来的业绩表现，但是管理资产这个技能包基本上一旦拥有了就不太会丢失。比如，2021年首批发行的基础设施REITs中就有一个历史业绩比较优秀的资产管理者——普洛斯（Global Logistics Property），发行的产品是中金普洛斯仓储物流REITs，普洛斯及其团队在2008年次贷危机后来到亚洲二次创业，主要专注中国、巴西、日本以及美国的物流地产运营，一度在新加坡交易所上市，2017年第三季度管理的中国物流地产的规模已经达到150.88亿美元（约折合1004亿元人民币）的规模。

五、资产集中——多元化

针对资产集中的两种情况,多元化是解决的方式。而实现多元化有不同的方式。

(1)资产集中在某几栋建筑。解决方案很简单,选择市值大的REITs。市值大一般也意味着资产规模大,资产规模大的REITs大部分情况下会有更分散化的底层资产,自然也就避免了REITs资产过于集中于某几栋建筑的问题。

(2)资产集中在某一个细分领域。市场上有多元化的REITs供投资者选择,这些多元化的REITs投资的领域都不止一个细分领域,比如凯德综合商业信托(Capitaland Integrated Commercial Trust)就专注于办公和零售两个细分领域。当然,投资者也可以考虑直接购买多个细分领域的REITs,比如将资金分散,同时买入表现最好的零售REITs和工业REITs。

六、代理人利益冲突——解决冲突

(1)关于代理人利益冲突,最简单的解决方式是选择内部管理型REITs。内部管理型REITs的管理团队由REITs发起人(类似于REITs大股东)任命,代理人与大股东利益一致,这样代理人利益冲突的问题迎刃而解。

(2)至于激励机制的设计以及监督机制,报酬需要跟业绩挂钩,而不是仅仅跟规模挂钩;需要更完善的披露以接受投资者以及相关利益方的监督。

第四节 REITs 的主要收益：稳定且丰厚的分红

一、总回报率：时间越长，收益越稳

从美国上市 REITs（见图 3-10），我们可以看到 2021 年上半年美国的上市 REITs 经历了一个强劲的反弹，年化总收益率高达 35.47%，远远超过更长投资期限的总回报率。这主要是因为 2020 年新冠肺炎疫情影响下 REITs 当年价格受到重创后反弹，高回报率的可持续性不高。当我们把投资期限拉长到 20 年及以上，年化总收益率就稳定在 10% 左右。

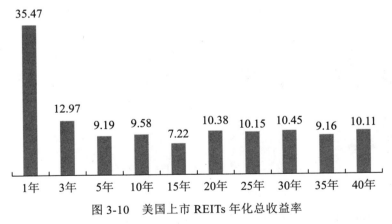

图 3-10 美国上市 REITs 年化总收益率

数据来源：FTSE, NAREIT；1 年数据为截止到 2021 年 5 月数据的年化数值。

二、REITs 的价格收益和分红收益

REITs 的总投资回报可以拆解为两个部分：价格收益和分红收益。

1. 价格收益

价格收益是价格变动所带来的收益。价格收益率，一般是本期价格减去上一期价格，再除以上一期的价格所得结果。

价格收益起伏不定。从图 3-11 我们可以看到，美国上市 REITs 的价格收益率起起伏伏，1976 年的回报率高达 37%，而 1974 年损失高达 50%。上市 REITs 存在较为剧烈的价格波动，从这一点来说，REITs 更像是一只上市的房地产公司股票。

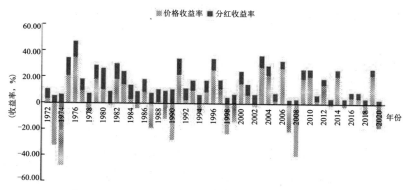

图 3-11　美国上市 REITs 收益分解

数据来源：FTSE，NAREIT。

价格收益的影响主要因素包括：

1) 利率的变化。下降的利率往往会使上市 REITs 的价格上涨，而上涨的利率则效果相反。

2）不动产价值的变化。底层资产的增值往往会带来价格的上涨。

3）分红的多少。分红越是丰厚，REITs 价格越可能上涨，因为丰厚的分红将吸引更多的投资者买入。

2. 分红收益

分红收益率等于分红（股息）除以 REITs 价格。除了林地之外，租金收入是分红的主要来源，租金（或者林地的木材销售）的收入直接影响到分红的数量。

分红稳定。如图 3-11 所示，相对于价格的波动来说，REITs 的分红稳定得多，可以说是一个"旱涝保收"的角色：在 REITs 价格下跌（价格收益为负数）的年份，投资者仍然收到了 REITs 的分红，哪怕是在价格暴跌的 1974 年、1998 年、2008 年以及新冠肺炎疫情肆虐的 2020 年。美国上市 REITs 分红如此稳定，从这个角度考量，REITs 更像是一只债券。

三、REITs 长期收益超过七成来自分红

之所以断定 2021 年高达 35.47% 的总体回报率不可持续，是因为这里面将近九成（86.8%，见图 3-12）的收益来自价格反弹带来的回报即价格收益，而 REITs 的股价每年如此持续、大幅上涨的可能性基本不存在（见图 3-11）。

投资时间越长，分红占比越高。短期来看（见图 3-12），比如美国投资上市 REITs 三年，总回报的大约 2/3（65.7%）来自价

格上涨，分红在总回报率的占比大概是 1/3。当我们把时间拉长到 15 年，分红和价格上涨带来的回报比例就发生了根本性的变化，2/3 的回报来自分红。当我们把投资期限进一步拉长到 35～40 年，分红对收益的贡献度进一步提升，超过七成（72.9%～75.9%）的收益来自分红。

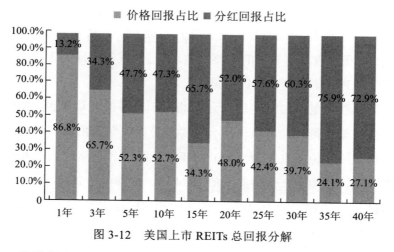

图 3-12　美国上市 REITs 总回报分解

数据来源：FTSE, NAREIT；1 年数据为截止到 2021 年 5 月数据的年化数值。

第五节　投资 REITs 的风险/收益比

前面三节以美国上市 REITs 为例，深入介绍了 REITs 自身的风险和收益来源，这一节我们将为大家做一个跨类别的、横向的比较：REITs 跟其他大类资产比起来，风险比哪些资产更高？收益比哪些资产更低？综合考虑风险、收益之后，REITs 表现又如何？

在此，再一次提醒读者：无论做什么类型的投资，风险是第一个要考虑的要素，收益只是在风险可控、可接受的情况下才考虑的因素。还是那句话，不能"只见贼吃肉，不看贼挨揍"。只看收益，不顾风险的投资行为是极度危险的，其导致的损失很多时候是难以弥补的。

分享一下加拿大 CEM Benchmarking 公司长时间（1998—2018）、大面积地研究美国养老基金2018年管理资产规模超过3.9万亿美元，总数超过200家）公司所投资的12个大类资产的数据后得出的结论。

1. REITs 与其他资产的收益比较

12 个大类资产的投资净收益情况。从图 3-13 中可以看到，从净收益角度来看，私募以年均 10.58% 的回报率位列榜首，是收益率最高的品类，上市 REITs 略逊一筹，以 10.17% 名列第二。上市 REITs 收益率超过了美国股权年化 8%～9%（美国小市值股票 9.25%、美国大市值股票 8.35%）的收益率，美国债券 4%～8%（美国长久期债券 7.51%、美国宽基债券 5.33%、美国其他债券 3.99%）的收益率，在上市 REITs 高达两位数的回报率面前根本不值一提。然而，仅仅根据收益率情况得出"私募是最好的投资大类资产，上市 REITs 是次优的选择"这个结论就过于片面了。只考虑收益不考虑风险的投资将对投资者的财富造成的伤害是重大的，而且很多时候是不可逆转的。

那么，REITs 这个"贼"是怎么"挨揍"的，被揍得有多重呢？那就得看风险情况了。

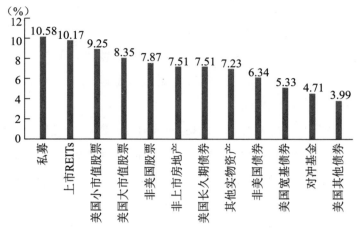

图 3-13　美国 12 大类资产的投资（扣除投资费用后）净回报（1998—2018 年）
数据来源：CEM Benchmarking。

2. REITs 与其他资产的风险比较

12 大类资产的投资风险情况。图 3-14 中可以看到，收益率最靓的品类——私募投资的风险最大，上下波动的幅度高达 25.78%，一般投资者经不起这么折腾，所以私募比较适合风险承担能力相对比较强、家底比较厚的高净值群体，通过承担更大的风险以博取更高的收益。收益率名列第二的上市 REITs 的波动性排名第四，低于私募、非美国股票和美国小市值股票，但是高于其他美国股权和债权投资。债券的波动性表现良好，债券相关的四类资产波动性最低，美国债券的波动性均小于 10%。换句话说，从风险角度考虑，风险最小、表现最稳定的品类是美国宽基债券为代表的各种债券。

那么，综合考虑风险和收益后，谁又是风险性价比最高的资产呢？

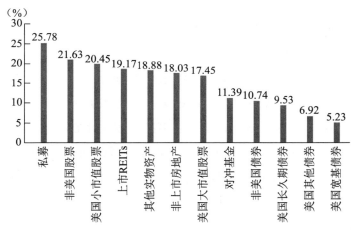

图 3-14　美国 12 大类资产的投资风险（1998—2018 年）
数据来源：CEM Benchmarking。

3. REITs 与其他资产的风险 / 收益比较

20 世纪 60 年代，美国诺贝尔经济学奖得主威廉·夏普（William Sharpe）把"掂量一下是否值得冒这个险去赚这个钱"这个听起来有点儿玄乎的定性分析给量化了，变成了可以定量的分析。这个定量的分析就是夏普指数（Sharpe Ratio），即风险收益比（风险 / 收益，也就是投资的性价比）。夏普指数被广泛运用于现代投资决策。比如，项目 A、B、C 的夏普指数分别为 0.25、0.5、0.75，项目 C 的夏普指数最高，从风险收益比的角度来看，它是最优的选择。简而言之，夏普指数衡量的是每增加 1 份风险，预期的投资回报增加了几份。

12大类资产的夏普指数。从图3-15中我们可以看到，上市REITs夏普指数为0.41，各位读者可以将这个数据简单理解为每只上市REITs冒1单位风险，能带来0.41单位的收益。这个数据的水平在12大类资产中名列前茅，排名第三。换句话说，投资上市REITs是要比投资美国所有股权投资（包括美国大市值股票、美国小市值股票、非上市房地产、其他实物资产）更"划算"；上市REITs的夏普指数甚至超过了非美国债券以及美国其他债券，债券在众多投资者的直觉中是风险收益比较高的品种，而美国的上市REITs的风险收益比仅次于债券的两个细分品类（美国宽基债券和美国长久期债券）。总而言之，从夏普指数的角度考量，投资美国上市REITs的性价比是比较高的。

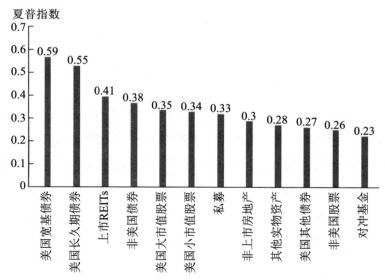

图3-15　美国养老基金投资的12大类资产的风险/收益比（1998—2018年）
数据来源：CEM Benchmarking。

第六节 | 我国公募 REITs 基金的风险和收益特征

由于我国公募 REITs 基金产品并未有历史数据作为参考，所以本章大部分数据参考的是美国上市 REITs 的数据。我国公募 REITs 基金，从风险和收益的角度来定义的话，是一种"中等风险、中等回报"的投资品种。

1. 中等风险

中等风险，就是风险比债券要大一些，比股票要小一些。公募基金产品自身的风险等级一般分为五档（见表 3-1），从 R1（低风险）到 R5（高风险），风险逐步提高，产品的风险最高等级是 R5，公募 REITs 基金产品的风险等级被定为 R3（中等风险）。

表 3-1 基金产品的风险等级

R1	低风险
R2	中低风险
R3	中风险
R4	中高风险
R5	高风险

2. R3 风险等级的含义

中国基金业协会（简称"中基协"）和中国证券业协会（简称"中证协"）对于每个风险等级都分别给出了自己的定义（见表 3-2）。虽然二者给出的 R3 风险等级的定义有所差别，但也能帮助投资者更好地理解各个风险等级的内涵。中基协对R3级风险的定义是：结构较简单，过往业绩及净值的历史波动率较高，投资标的流动性较好，投资衍生品以对冲为目的，估值政策清晰，杠杆不超监管部门规定的标准。中证协对R3级风险的定义是：结构较复杂，流动性较高，本金安全具有一定的不确定性，在特殊情况下可能损失全部本金。

表 3-2 基金业协会和证券业协会对基金产品的风险等级的定义

风险等级	基金业协会	证券业协会
R1	结构简单，过往业绩及净值的历史波动率低，投资标的流动性很好，不含衍生品，估值政策清晰，杠杆不超监管部门规定的标准	结构简单，容易理解，流动性高，本金遭受损失的可能性低
R2	结构简单，过往业绩及净值的历史波动率较低，投资标的流动性好，投资衍生品以套期保值为目的，估值政策清晰，杠杆不超监管部门规定的标准	结构简单，容易理解，流动性较高，本金遭受损失的可能性较低
R3	结构较简单，过往业绩及净值的历史波动率较高，投资标的流动性较好，投资衍生品以对冲为目的，估值政策清晰，杠杆不超监管部门规定的标准	结构较复杂，流动性较高，本金安全具有一定的不确定性，在特殊情况下可能损失全部本金
R4	结构较复杂，过往业绩及净值的历史波动率高，投资标的流动性较差，估值政策较清渐，一倍（不含）以上至三倍（不含）以下杠杆	结构复杂，流动性较低，本金安全面临较大的不确定性，可能损失全部本金
R5	结构复杂，过往业绩及净值的历史波动率很高，投资标的流动性差，估值政策不清晰，三倍（含）以上杠杆	结构复杂，不易理解，不易估值，流动性低，透明度较低，本金安全面临极大的不确定性，甚至损失可能超过本金

数据来源：中基协、中证协。

对照美国上市 REITs 总体回报率来看,大约平均 10 年一次总回报率为负值(见图 3-16 中虚线框),符合中国证券业协会描述的"本金安全有一定的不确定性",在特殊情况下可能会损失部分本金,但是想要"损失全部本金"也不太容易,哪怕是在最极端的 1973 年和 1974 年(连续两年收益率分别为 -27% 和 -42%)以及 2007 年和 2008 年(连续两年收益率为 -18% 和 -37%)也没有损失全部本金,而且在随后的年份马上迎来收益率的大反弹。

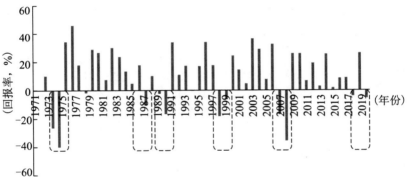

图 3-16 美国 REITs 总体回报率

3. R3 级基金能投资什么?

非专业投资者对中基协、中证协给出的 R3 风险等级的描述可能觉得有些抽象,下面就为大家列举一下 R3 风险级别的基金能投资哪些标的,这样大家可以有更直观的感受,比较公募 REITs 基金的风险水平。中证协和中基协曾经给出了一份列表,详细列举各个风险级别的基金分别能够投资的标的(表 3-3)。

中基协给出的 R3 风险级别的基金可以投资的标的，包括股票基金、混合基金、可转债基金、分级基金 A 份额。中证协给出的 R3 风险级别的基金可投资的范围更广一些，主要包括 A 股股票、B 股股票、AA 级信用债、新三板创新层挂牌公司股票、股票期权备兑开仓业务、股票期权保护性认沽开仓业务及相关服务。换句话说，公募 REITs 基金的风险等级，中基协认为它的风险与股票、可转债类似，中证协则认为它的风险与股票、AA 级信用债、新三板创新层挂牌公司股份等类似。

表 3-3　基金产品风险等级对应的投资标的 / 底层资产

风险等级	基金业协会	证券业协会
R1	货币市场基金、短期理财债券型基金	主要包括国债、债券质押式逆回购业务、债券质押式报价回购业务、货币型产品、银行保本型理财产品及相关服务
R2	普通债券基金	主要包括地方政府债、政策性银行金融债、AA+ 及以上级别的信用债及相关服务
R3	股票基金、混合基金、可转债基金、分级基金 A 份额	主要包括 A 股股票、B 股股票、AA 级信用债、新三板创新层挂牌公司股票、股票期权备兑开仓业务、股票期权保护性认沽开仓业务及相关服务
R4	债券基金分级 B 份额	主要包括退市整理期股票、港股通股票、股票质押式回购（融入方）、约定购回式证券交易（融入方）风险警示股票、AA- 级信用债、基础层挂牌公司股票、个股期权买入开仓业务、股票期权保证金卖出开仓业务、权证、融资融券业务及相关服务

续表

风险等级	基金业协会	证券业协会
R5	可转债基金分级B份额、股票分级基金B份额、大宗商品基金、私募股权基金、私募创投基金	主要包括复杂的结构化产品、AA-以下级别信用债、场外衍生产品及相关服务

数据来源：中基协、中证协。

4. 中等回报

中等回报在公募REITs基金这里的意思就是，每年至少4%的股息率（见图3-17），除此之外，可能还能享受到资产的增值（所有权类公募REITs基金），如果无法享受资产增值，那么往往会有更高的股息率（经营权类公募REITs基金）。

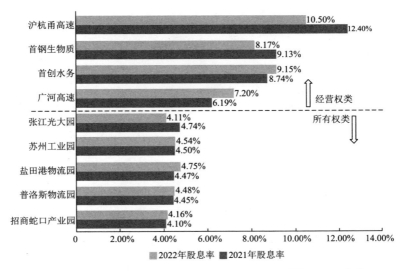

图3-17　2021年首批发行的9只公募REITs基金预计股息率

第四章

怎么选公募REITs基金

善于选择的要点意味着节约时间，而不得要领的瞎忙，等于乱放空炮。

——培根

前面的章节我们为读者们介绍了 REITs 的特点以及投资 REITs 的必要性，这一章将为大家介绍如何挑选 REITs，也就是根据什么来挑选 REITs。

第一节介绍一些常用的估值指标，因为挑选包括 REITs 在内的金融产品，必然要有选择的依据，因此需要参考一些估值指标。监管机构筛选项目。第二节介绍的是监管机构的投资者保护行为。在我们国家，出于对投资者的保护，监管机构会先根据自己的专业眼光和上市标准为投资者把关，把不适合的资产挡在门外。接着轮到投资者自己挑选 REITs。其实挑选公募 REITs 基金就是挑选它的发起人，所以第三节我们介绍如何挑选公募 REITs 基金的发起人，因为发起人及其管理团队直接决定着公募 REITs 基金底层资产的质量以及未来的收益水平，选一个有能力的发起人及其管理团队至关重要。最后，结合 2021 年首批发行的 9 只基础设施公募 REITs 基金的案例，为大家讲解挑选公募 REITs 基金时的关键细节，包括：经营权 REITs 和所有权 REITs 的差异以及选择的关键指标，介绍 IRR（内部回报率）在比较公募 REITs 基金时候的作用；管理费率的设置将直接影响管理团队积极性以及投资者收益水平，合理的管理费率结构，能够引导管理团队为投资者创造最大的效益，从而吃到"萝卜"的同时避免由于投资效益不理想随之而来的"大棒"。

第一节 常用的投资估值指标

投资股票的小伙伴们经常会提及并讨论各种估值的指标，包括市盈率、市净率等，然而大部分的投资者对于各种估值指标的具体内涵不甚了解，随意地套用估值指标又发现似乎无法指导投资活动。下面为大家阐述常用估值指标的定义、适用的情况和行业，以及部分指标的延伸与变化形态。希望将这些指标作为投资的参考，因为这些常用的指标都是"相对估值法"下的指标，所以拿来做"绝对的"投资指南就不合适了。大家在做投资决策的时候参考这些估值指标，会更加自信，但是不要盲信指标，硬套指标。

一个重要的背景知识：无论是哪一种估值指标，一般都只适用于相同行业内的不同公司之间的比较，而不适用于跨行业的比较。比如同样是消费行业的公司 A 和公司 B，可以通过市盈率高低来判断哪一家公司相对来说估值更低、更具有投资价值，而不应该拿消费行业的公司 A 和光伏行业的公司 C 来比较二者的市盈率，因为同一个估值指标在不同行业的差距会很大。消费行业的平均市盈率可能是 30 倍，而光伏行业的估值可能会达到 60 倍。这意味着，一个公司的市盈率是 40 倍，如果它是消费行业的公司，比如卖榨菜的公司，那么它大于行业平均的 30 倍估值，可能存在高估的情况，有可能价格会下跌回到行业平均水平。而如果它是光伏行业的公司，比如一家做光伏整体解决方案的公司，40倍市盈率的估值远远低于行业平均的60倍市盈率，那么存在价格被低估并且上涨到行业平均的60倍的估值水平的可能。同样是市盈率估值40倍的公司，根据不同的行业，初步判断得出的结论（高估还是低估，下跌还是上涨）会截然相反，所以估值指标的比较需要在同行业的不同公司之间进行。

一、PE

1. 定义

PE（市盈率）也可以写成P/E。市盈率，顾名思义就是一只股票的"市场价"（price）除以"盈利"（earning）所得到的倍数。

这里的"市场价"和"盈利"是一只股票每股的价格与每股净利润相除得到的倍数，比如一只股票每股的价格是200元，每股盈利是1元，那么这只股票的PE就是200倍（=200/1），这意味着这只股票所代表的公司每赚取1元的净利润，股票市场的投资者就愿意花200元来买1股公司的股票，而这1股代表1元利润。当然"市场价"和"盈利"也可以由每股的价格和每股的盈利，即分子、分母同时乘以股份数，分别得到公司整体的"市场价"和总"盈利"，即所得到的PE倍数与使用每股价格/盈利的结果是完全一致的，这只是不同的投资者使用习惯的区别。

根据使用的分母也就是"盈利"数据的时间不同，市盈率又可以分为静态市盈率、动态市盈率和滚动市盈率三种。静态市盈率使用的是上一年度的盈利数据，动态市盈率使用的是分析师们预期的下一年度盈利数据，滚动市盈率使用的是包括当下时间点在内的四个季度的盈利数据。举例来说，假如在2021年第三季度计算某只股票的市盈率，静态市盈率使用的是上一年度也就是2020年度的盈利，动态市盈率使用的是分析师们预测的下一年度即2022年度盈利，而滚动市盈率使用的就是从2020年第三季度到2021年第三季度在内的四个季度的盈利数据。

2. 适用的情况及行业

首先，市盈率既然是用盈利作为分母，P/E，那么盈利（E）应该是正数，否则一个公司市盈率为负数，就无法与行业内其他公司做横向比较，判断投资价值。其次，盈利较为稳定且数额较大，能够真实反映公司的运营情况。A股退市规则更改前，经常能够看到一些公司为了避免连续三年亏损就必须退市的条款，在公司连续亏损两年以后，通过会计手段让公司第三年略微盈利，常常是数万元到数十万元。这种类型的公司，用PE倍数来衡量其投资价值就没有太大的意义，因为盈利数据已经失真，与公司经营情况已经脱节。市盈率适用的行业很多，最典型的是消费行业，那些生产与日常消费相关的调味料、食用油、奶制品的企业。最后，同一个行业的市盈率在不同的市场行情下差距会很大，把观察的时间拉长，能够得到更客观、更有意义的数据。比如2019—2020年的白酒行业，由于受到市场的热捧，市盈率比之前10年的行业平均水平翻了一倍以上。如果投资者以2019—2020年这两年间市盈率高的年份为基准来判断白酒行业的投资价值,那么2021年将会遭受极大的损失,因为在这一年白酒行业的很多公司的市盈率估值水平下跌到了10年平均水平附近。

3. 从PE衍生的两种估值指标:PEG和P/FFO

PEG(市盈率增长率)是在考虑了市盈率(PE)的同时考虑了增长率(G)的一个估值指标,计算公式为PEG=PE/G。回到前面的例子:消费行业平均PE可能是10倍,而光伏行业平均PE可能是20倍,为什么差异会这么大?主要是因为证券市场的投资者对两个行业的增长率(G)预期不同。假如投资者认为消费行业增长率大概是每年10%,而作为我国实现减少碳排放、实现碳中和承诺的光伏行业,很可能增长率是每年20%,那么,消费行业的PEG=3=PE/G=30/10(30倍PE除以10%的增长率,计算时仅取增长率百分号前的数值);光伏行业的PEG=3=PE/G=60/20(60倍PE除以20%的增长率)。

虽然光伏行业的估值以市盈率来衡量看上去很高,是消费行业的两倍,但是把两个行业的增长率考虑进去以后,可能这两个行业的估值PEG是一样的水平。也就是说,相对于消费行业,光伏行业并没有被高估。

一般来说,PEG以1为界限来判断股票的估值是否合理:PEG<1时,股价可能相对被低估,股价可能会上涨;PEG=1时,股价估值较为合理;PEG>1时,股价可能被高估了,存在回调下跌的可能。

P/FFO(市价与运营现金流比)是国外投资者判断REITs估

值水平的常用指标。之所以 P/FFO 是 P/E 衍生的一种估值指标，是因为运营现金流 FFO（Fund from Operation）是一个类似于净利润（E）的利润指标。计算 FFO 一般是在净利润的基础上做出一些调整，以更好地体现 REITs 的运营成果。因为 REITs 的投资者关心的是现金分红，所以计算 FFO 的这些调整包括把计算净利润（E）时扣除的非现金费用和支出（比如折旧和摊销）加回来，并且把出售物业的收入减掉，因为销售物业不是 REITs 日常运营所获的收益。

就像 P/E 一样，P/FFO 数值越低，REITs 的估值水平也就越低。但估值水平低并不意味着更高的投资价值，需要进一步分析 P/FFO 指标低的原因：是这只 REITs 过往给投资者的回报（FFO）较低导致投资者不看好，便宜没好货，还是投资者看走了眼，存在捡漏的机会？

二、P/B

1. 定义

P/B（市净率）即市值（price）与净资产或者叫账面价值（book value）的比率。

2. 适用的情况及行业

一般来说，账面上的资产能够很好地体现公司的盈利能力的行业比较适合用 P/B 来估值，比如银行业、房地产行业以及重资产的制造业。因为银行业、房地产、制造业最主要的资产是资金、土地、厂房，就这几个行业的公司来说，资产情况决定了公司大部分的盈利能力。

哪些行业不适合用 P/B 估值？首先，净资产为负值的行业，即经营杠杆（借贷很多）比较高的行业，无法做横向比较。其次，净资产为正数，但是净资产无法很好地体现公司的价值，比如很多创新型的企业，公司资产不多，但是公司的技术开发能力很强，雇用了很多优秀的技术人员，构筑出了自己的技术壁垒，所以现在业内对这一部分创新型企业开始使用新的 P/E 指数，与传统的考虑盈利的 E 不同，新的 P/E 考虑的 E 不再是盈利（Earning），而是技术人员也就是工程师（Engineer）的数量，因为只有一批优秀的工程师在一起，才能为投资者创造出更多的价值。

三、D/P

1. 定义

D/P（股息率），就是企业的股息或者叫分红除以公司的总市值的比率。

2. 适用的情况

股息率自然是适用于有股息/分红的企业，对于我国公募 REITs 基金的投资者来说，这也是个很重要的指标，因为公募 REITs 基金投资者的主要收益来源就是股息/分红。

四、IRR

1. 定义

IRR（Internal Rate of Return，内部回报率）是指使得投资项目回报（流入）的现值总和与项目资金投资（流出）的现值相等的那个回报率。

内部回报率越高的项目投资价值越高。假设一个公募REITs基金投资了100亿元获得了一个垃圾焚烧厂10年的经营权，在投资100亿元（资金流出）以后，假设不再需要继续投入资金，每年会有一定数额的运营利润（资金流入），使得投资回报的现值之和等于初始投资100亿元的回报率，这就是内部回报率。投资回报的现值就是需要考虑资金的时间价值，也就是说，现在马上能拿到的100亿元现金的价值，是高于一年后能拿到的100亿元现金的价值。对于这一年后的现金，需要考虑资金1年的时间价值，需要折现到现在，折现的意思就是除以1+IRR。假设IRR是25%，那么1年后的100亿元的现在价值就是80亿元=100亿元/（1+25%）。2年后100亿元的现值就是100亿元除以$(1+IRR)^2$，3年后的100亿元的现值就是100亿元除以$(1+IRR)^3$，以此类推。把第1到第10年的100亿元的现值相加，就得到了项目投资回报的现值总和。

2. 适用的情况

IRR的定义十分抽象，大家仅需要记住使用IRR做项目间横向比较的优点：能够在不同的投资期限和投资规模的项目间做直接的比较。还是举一个例子来解释这个概念：公募 REITs 基金 A 投资了 100 亿元取得了一个垃圾焚烧厂 20 年的经营权，公募 REITs 基金 B 投资 20 亿元获得了一个焚烧厂 30 年的经营权，由于基金 A 和基金 B 的投资规模不同，项目的运营时间也有差异，那么这个时候，IRR 就能够很好地在这两个基金之间做横向比较：IRR 高的项目更有投资价值，因为 IRR 已经考虑到了投资规模和投资时间的差异。

第二节 监管机构如何为投资者把关

在投资者选择合适自己的投资产品前，监管机构已经为投资者初步筛选了一遍投资标的。监管机构选择的方式是提出监管要求，比如规定符合特定条件的资产才能成为公募 REITs 基金。公募 REITs 基金相关的监管机构都有哪些呢？从公募 REITs 基金申报的流程来看，首先是发展与改革委员会，项目方基本都需要先将申请材料递交给各省发改委，由各省发改委审核后提交国家发改委；其次是中国证券监督管理委员会，国家发改委将审核挑选好的项目推荐给证监会；最后是证券交易所，包括上海证券交易所（上交所）和深圳证券交易所（深交所），由于暂时不会有公募 REITs 基金在北京证券交易所（北交所）上市，所以在提及交易所的时候不会将北交所包括在内。国家发改委挑选好的项目推荐给证监会的同时，也将推荐给上交所或者深交所。

那么,这些监管机构是如何替投资者把关,让适合的资产成为公募 REITs 基金,成为广大投资者可投资的资产呢?

首先是国家发改委。发改委挑选项目的标准就是,必须是国家支持的产业,各方面都合法合规,首次发行规模至少 10 亿元,最好能够有至少另外 20 亿元规模的资产未来用于装进 REITs,是运营了至少 3 年,每年股息率至少 4% 的好项目。

具体来说,对于那些项目能够被推荐成为公募 REITs 基金的底层资产,国家发改委有两份重要文件做出了相应的规定:2020 年 8 月发改投资【2020】"586 号文"和 2021 年 7 月发改投资【2021】"958 号文"。"958 号文"在"586 号文"的基础上扩大了试点的地区和行业,资产规模方面也更明确(见表 4-1):

(1)项目所在地区:除了优先支持的六大重点区域之外,明确全国符合条件的项目均可申请。

(2)项目所属行业:除了基础设施之外,保障性租赁住房列入试点,但要求试点城市必须是人口净流入大城市。

(3)项目运营及股息率:原则上已经运营至少 3 年,每年预计股息率不低于 4%。

(4)项目资产规模:明确首发需要至少 10 亿元资产规模,扩大募集需要首发规模的 2 倍。

表 4-1 国家发改委基础设施 REITs 项目申报要求概要

监管机构：发改委	
地区和行业	1）全国范围内符合要求的都可申报，优先支持六大重点区域、八大行业，探索在水利设施、5A 级旅游景区开展试点 2）六大重点区域：京津冀协同发展、长江经济带发展、粤港澳大湾区建设、长三角一体化发展、海南全面深化改革开放、黄河流域生态保护和高质量发展等国家重大战略区域 3）八大行业：交通、能源、市政、生态环保、仓储物流、园区、新基建、保障性租赁住房
项目成熟稳定	1）运营时间原则上不低于 3 年，已经能够实现长期稳定收益的可适当降低要求； 2）现金流投资回报良好，近 3 年内总体保持盈利或者经营性净现金流为正； 3）收益持续稳定且来源合理分散； 4）预计未来 3 年净现金流分派率原则上不低于 4%
资产规模符合要求	1）首发项目，不动产净值不低于 10 亿元； 2）发起人扩募能力强，扩募规模原则上不低于首发资产规模的 2 倍

数据来源：国家发改委。

接着是证监会。证监会要求公募 REITs 基金必须（见表 4-2）：

（1）将至少 80% 的资金投向相应的资产：要将大部分的钱投项目，不能闲着去买理财。

（2）分配给投资者的比例不低于可分配金额的 90%：收益大部分要作为股息分给投资者。

（3）不能过度借贷来扩大规模。首先，杠杆率不超过 28.6%。这一政策相对稳健，杠杆率要求比新加坡 REITs 最低 35% 的比例还要低。杠杆率是用借贷金额除以本金加上借贷金额，比如本金有 100 元，借贷金额 40 元，则杠杆率 =40/（100+40）×100%。其次，收购的借款不得超过基金净资产的 20%，也就是说，如果有 100 元本金，最多只能借 20 元用来对外收购资产，有效防止基金经理为了扩大管理的资产规模（以增加其管理费收入），盲目借贷加杠杆，最终损害 REITs 份额持有人的利益。

表 4-2　证监会公开募集基础设施证券投资基金指引概要

监管机构：证监会	
基金的要求	
资金投向	80% 以上基金资产投向基础设施资产支持证券（ABS），并持有其全部份额，基金通过持有 ABS 的方式持有基础设施项目公司全部股权
分配比例	不低于可供分配金额的 90%
对外借款限制	
杠杆率	基金总资产不得超过基金净资产的 140%，即杠杆率不超过 28.6%（负债/总资产，40%/140%）
	用于项目收购的借款金额不得超过基金净资产的 20%

数据来源：证监会。

最后是交易所的审核要求，包括上交所和深交所。交易所对参与公募 REITs 基金各个主体提出了具体而详尽的要求（见表 4-3）：包括发起人/原始权益人必须家底殷实（完全享有项目的所有权或者经营权）、行事稳健（信用及内部控制制度）、遵纪守法（近 3 年无重大违法记录）；外部管理机构和基金托管人的要求类似，都是相关项目经验丰富，人员配备到位，并且声誉良好。

表 4-3　上交所和深交所 REITs 审核要点概要

监管机构：交易所	
业务参与机构	
发起人/原始权益人	享有基础设施项目完全所有权或者经营权利
	信用稳健，内部控制制度健全，具有持续经营能力
	最近 3 年不存在重大违法违规记录
外部管理机构	项目管理经验丰富，具有 5 年以上经验人员至少 2 名
	最近 3 年不存在重大违法违规记录
基金托管人	成立满 3 年，资产管理经验丰富，内控制度完善
	独立的基础设施基金投资管理部门，配备至少 3 名 5 年以上经验人员
	财务及社会声誉良好，无重大不良记录
	与基础设施资产支持证券托管人为同一人
资产支持证券管理人与基金管理人	二者可以是同一机构，至少需要存在实际控制关系或受同一控制人控制
	核查潜在利益冲突，并做好相应风险控制
评估	评估方法：原则上以收益法为主要估价方法
	重要参数要披露，包括土地使用权或经营权剩余期限、运营收入、运营成本、运营净收益、资本性支出、未来现金流预期、折现率等
	评估频率：定期每年 1 次；基金购入、出售项目、基金扩募、提前终止、现金流发生重大变化时需要评估

数据来源：上交所、深交所。

为了保障投资者的利益，交易所还做了关于信息披露和避免潜在利益冲突两个方面的规定。信息披露方面，需要告诉投资者资产评估的重要参数，包括土地的使用年限、运营的收入和成本、折现率、评估的频率等；避免潜在利益冲突方面，要求基金托管人与基础设施资产支持证券托管人为同一人，资产支持证券管理人与基金管理人至少是同一个实际控制人下面的机构，或者干脆就是同一个机构。

总体来说，经过各监管机构筛选的公募基础设施REITs基金项目，无论是项目本身，还是发起人，抑或是运营管理的机构，都必须合法合规，具有相应行业经验，有重大事项必须披露也就是告诉投资者，能够全方位保障投资者合法权益，并且投资收益有着落。

为了方便投资者深入了解监管机构筛选项目的需求，本书最后的附录部分为投资者以表格的形式总结了国家发改委、证监会、交易所的相应要求的完整版，以便读者更全面、深入地研究与学习。

第三节 选公募REITs基金就是选发起人

上面为大家介绍了监管机构是如何为广大投资者把关项目，这里主要教大家如何选择REITs。当然，结论也很简单，选一个拥有优秀内部管理团队、历史业绩优秀的REITs发起人，基本上这笔REITs投资就比较稳。

1. REITs发起人＝原始权益人

REITs的发起人又称"原始权益人"，在实践中常常是具有运营能力的开发商。

为什么叫作"原始权益人"呢？因为在REITs投资者投资并成为"权益人"之前，这些不动产的业主就是原始权益人，即这个资产最"原始"的权益人(股东)。

那么,为什么原始权益人又叫作"发起人"呢?这是因为原始权益人在资产运营到一定阶段,符合公募 REITs 基金上市标准的时候"发起"了资产打包上市这个动作。

2. 原始权益人/发起人起到了决定性的作用

原始权益人/发起人做了两件事情:"催熟"物业和发起上市。

第一件事"催熟"物业,就是培育物业到成熟阶段。在第一章我们介绍 REITs 是什么时跟大家介绍了 REITs 的投资标的/底层资产是成熟的物业或者不动产,可以马上为投资者带来稳定、持续的现金流。然而,"罗马不是一天建成的",物业也不会一天就变成熟。在物业从不成熟到成熟的过程中,原始权益人扮演了重要的角色(见图 4-1)。

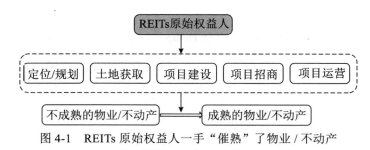

图 4-1 REITs 原始权益人一手"催熟"了物业/不动产

我们以物流园区为例来解释培育物业从不成熟到成熟阶段的过程。原始权益人,比如说专注物流地产的普洛斯,需要根据一块物流用地周边的环境等综合情况给出具体的定位和未来发展规划,是适合做高端、现代化的物流园还是中低端的物流园;接着,尽力获取土地,物流地产由于上缴税收较少,所以获取难度较大；在获得了地块后，需要根据项目定位开始建设；建设开始的同时，项目的招商就同时进行了，为了节省时间，项目招商有时候会被提前到土地获取甚至是定位/规划阶段，直接为大客户定制一片物流园区；招商完成后，需要继续管理园区日常经营，包括租户组合的调整、合约租期的调整等一系列运营活动。在完成这一系列动作之后，一个出租率较高，租金收入可持续且稳定的物流园区就诞生了。

第二件事发起上市（见图4-2）。在拥有了的物业/不动产成熟之后，公募REITs基金发起人在券商、律师事务所、会计师事务所等中介机构的协助下，发起将物业打包上市的流程，包括寻找公募REITs基金投资者（主要是战略投资者）、公募REITs基金债权人、公募REITs基金管理人和ABS管理人、基金托管人和ABS托管人以及不动产管理人。

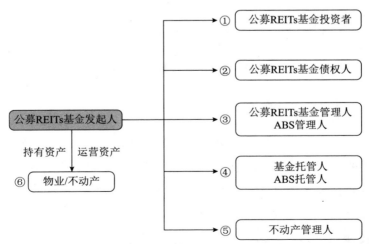

图4-2 公募REITs基金发起人发起了将成熟物业/不动产变成REITs的过程

当成熟的物业成功上市，成为一只上市 REITs——在我国目前是以公募 REITs 基金的形式存在，那么我们在图 4-2 的基础上增加一个公募 REITs 基金，并且将架构调整为以公募 REITs 基金为核心，并标注每个主体的职能，就能得到公募 REITs 基金的组织架构图（见图 4-3）。

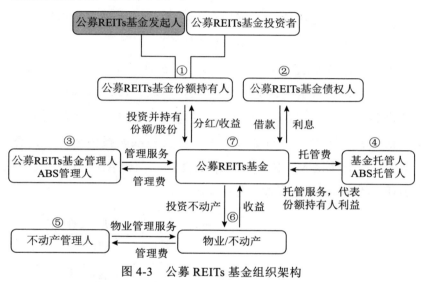

图 4-3　公募 REITs 基金组织架构

3. ABS 是什么？

图 4-2 及图 4-3 中的 ABS 管理人和 ABS 托管人是两个 ABS 相关的主体。ABS（Asset Backed Securities）是"资产支持证券"的简称，这里的"资产"是底层的物业/不动产资产。资产通过自身产生的现金流"支持"投资者所购买的证券。大家可以把 ABS 想象成一根香肠，这根香肠是一些通过法律手段绑定在一起的底层资产，比如 5 座出租率超过 90% 的物流园区，投资者通过

购买 ABS 能够获得相应资产所产生的现金流,也就是这 5 座物流园区所产生的租金。目前监管要求公募 REITs 基金把整根香肠买下来,再切成特别小的香肠片(投资起点 100 ~ 1000 元),以供广大公募 REITs 基金投资者尤其是中小投资者参与投资。

4. 为什么会有 ABS?

由于我国政府尚未针对 REITs 推出成套的法律法规,现行公募基金和 ABS 相关的法律法规和投资实践较为成熟,所以我国公募 REITs 基金实际上的架构是套用了"公募基金+ABS"的两层架构,公募 REITs 基金的实际架构图 4-4 比图 4-3 更为复杂一些,但这对投资者影响不大,有兴趣的读者可以对照图 4-2、图 4-3 以及图 4-4 中标注数字的主体,通过对照和比较了解一下 2021 年首次发行的基础设施 REITs 的组织架构。随着法律法

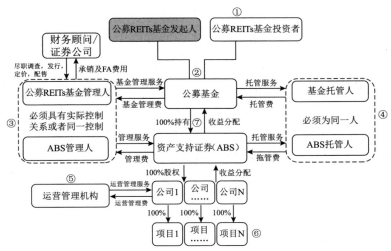

图 4-4　我国公募 REITs 基金现行组织架构

规的完善,以及未来专门针对 REITs 的相关法规的出台,公募 REITs 基金的架构很可能将进一步简化。

5. 内部管理团队是核心资产

如果公募 REITs 基金发起人拥有一批具备经验丰富的内部管理团队,一般来说,他们所发起的公募 REITs 基金产品就比较稳妥,甚至可以说,公募 REITs 基金发起人之间的主要差别就是管理团队的差别。

内部管理型 REITs 由于能够为投资者带来更高的收益,近年来越来越受到市场的认可。从一块空地起步或者从一座空置的物业起步,最终将物业运营到成熟阶段并打包成为符合上市条件的底层资产,这一"催熟"的过程,跟创业者从零开始打造出一个上市公司没有本质区别。完成这一壮举的正是发起人的"创业"团队或者叫作"内部管理团队"。如果发起人选择了内部管理团队(而不是外部独立的管理团队)来运营管理,那么这只 REITs 就是一只内部管理型 REITs。

为什么内部管理团队往往能够创造出比外部管理团队更高的效益?这是因为内部运营管理团队具有四大比较优势:

(1)内部管理团队对底层资产最熟悉,底层资产的优劣势、项目的前世今生、租户招商的来龙去脉诸如此类,没有人比亲手运营该资产的内部管理团队更熟悉,因此运营起来也更加得心应手。

(2)发起人对内部管理团队的能力更加了解,能够更快速地找到最合适的团队。在大型的发起人机构内部,往往随着项目积累了大量的管理人员，可以迅速根据市场的变化来匹配最适合 REITs 的管理团队来保障、提高投资者的收益。

（3）利益一致。内部管理团队隶属于发起人，也就是 REITs 的股东，REITs 发起人也会尽量保障 REITs 股东（或者是份额持有人）的权益最大化。在股东和管理团队利益有冲突的时候，REITs 发起人也将在很大程度上保障 REITs 股东的利益优先于内部管理团队的利益。

（4）能力更强。内部管理团队是这个底层资产的"创业"团队，相对于上市后"守业"时的并购与整合，"创业"时从零开始招商到接近满租，难度要大得多，因此"创业"团队的能力也往往强于外部的"守业"团队，用一支有"创业"经历的团队比一支仅仅有"守业"经验的团队，收益率可能会有云泥之别。

能够拥有内部管理团队的 REITs 发起人，项目经验和内部培训体系都是投资者收益的有力保障。一个团队的养成需要两大要素：大量的项目实践经验和强大的培训体系。REITs 发起人能够为团队获取大量的项目实践机会，本身说明 REITs 发起人的过往业绩足够优秀。具备了这两大要素的 REITs 发起人，可以为投资者源源不断地输送优秀的管理团队，并带来稳定的收入。

6. 首批 9 只基础设施 REITs：均由内部团队运营管理

2021 年 6 月，首次发行的 9 只基础设施 REITs 基金的不动产全部由内部管理团队运营。虽然严格意义上，由于金融牌照和政策的原因，REITs 基金管理人由外部人担任，首批发行的 9 只基础设施公募 REITs 基金不算是内部管理型 REITs，在招募说明书中这些管理团队也被称为"外部团队"。虽然叫作"外部团队"，但是直接影响投资者收益的不动产运营管理机构实际上都是内部管理团队或者人员担任，看名字就基本能了解他们之间的相互关系，比如博时招商蛇口产业园 REITs，不动产运营管理机构就是由原始权益人招商局蛇口工业区控股股份有限公司的关联方深圳市招商创业有限公司担任（见表 4-4）。

表 4-4　2021 年首批发行的 9 只公募基础设施 REITs 基金

代　码	REITs	REITs 基金管理人	不动产运营管理机构	运营管理机构成立时间
180101	博时招商蛇口产业园 REITs	博时基金	深圳市招商创业有限公司	1999 年 3 月 11 日
180201	平安广州交投广河高速 REITs	平安基金	广州交通投资集团有限公司	1988 年 1 月 13 日
180301	红土盐田港物流 REITs	红土创新基金	深创投红土资产管理（深圳）有限公司	2020 年 9 月 7 日
180801	中航首钢生物质 REITs	中航基金	北京首钢生态科技有限公司	2018 年 9 月 14 日
508000	华安张江光大园 REITs	华安基金	上海集挚咨询管理有限公司（控股股东：上海张江集成电路产业区开发有限公司）	2021 年 3 月 22 日（控股股东成立于 2001 年 4 月 10 日）
508001	浙商沪杭甬高速 REITs	浙商资管	浙江沪杭甬高速公路股份有限公司	1997 年 3 月 1 日

续表

代码	REITs	REITs基金管理人	不动产运营管理机构	运营管理机构成立时间
508006	富国首创水务REITs	富国基金	北京首创生态环保集团股份有限公司	1999年8月31日
508027	东吴苏州工业园区产业园REITs	东吴基金	苏州工业园区科技发展有限公司	2000年4月29日
			苏州工业园区建屋产业园开发有限公司	2010年2月5日
508056	中金普洛斯仓储物流REITs	中金基金	普洛斯投资（上海）有限公司	2004年8月9日

内部运营管理机构的经验都十分丰富，能够很好地保障投资者的收益。大部分运营管理机构都具有10年的运营经验（见表4-4），最早的是成立于1988年的广州交通投资集团，最迟的是管理华安张江光大园REIT的上海集挚咨询管理有限公司，成立于2021年，是为REITs专门成立的公司，其控股股东上海张江集成电路产业区开发有限公司成立于2001年，已经成立20年，项目管理经验十分丰富。

第四节 股息率很美妙，IRR更重要

2021年6月首批9只基础设施公募REITs基金上市，应监管机构要求，各基金在招募说明书中都披露了2021年及2022

年预计的股息率（见图4-5）。

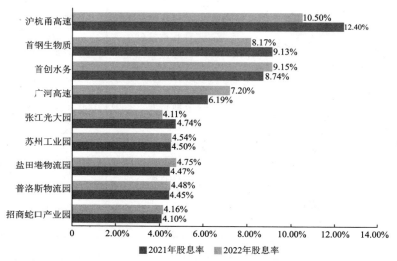

图4-5　9只基础设施REITs的2021/2022年预计股息率
数据来源：REITs基金招募说明书。

我们先回顾一下股息率的概念。股息率是用股息或者分红的数额除以股价所得到的比率。比如图4-5中最下方的招商蛇口产业园，其2021年的预计股息率是4.1%；而最上方沪杭甬高速，其2021年的股息率高达12.4%，后者是前者的3倍有余，也就是相差了2倍多。那么，是不是选股息率高的那一只公募REITs基金就好了？很明显，选公募REITs基金并不那么简单，造成两只公募REITs基金股息率巨大差异的原因在于，二者属于不同类型的公募REITs基金，前者是经营权公募REITs基金（股息率更高），后者是所有权公募REITs基金（股息率相对比较低）。

1. 所有权 REITs 基金与经营权 REITs 基金

2021 年首次发行的公募 REITs 基金均属于基础设施大类，根据是否拥有不动产又可以将其细分为所有权公募 REITs 基金和经营权公募 REITs 基金。

所有权公募 REITs 基金是指投资标的为不动产所有权的公募 REITs 基金，比如工业园区、物流园区、产业园区的所有权。投资者收益来自不动产出租所得的租金，以及物业增值所带来的收益，具体体现为公募 REITs 基金的股息以及随着物业增值而上涨的基金净值。

2021 年首批发行的 9 只公募 REITs 基金中，有 5 只是所有权 REITs 基金（见图 4-6），按照 2021 年股息率由高到低分别是：张江光大园（证券代码：508000）、苏州工业园（证券代码：508027）、盐田港物流园（证券代码：180301）、普洛斯物流园（证券代码：508056）和招商蛇口产业园（证券代码：180101）。

经营权 REITs 基金是指投资标的为经营权（而非所有权）的 REITs 基金，比如高速公路的经营权、污水处理厂的经营权、垃圾焚烧厂的经营权等。经营权 REITs 基金的投资者收益只来自项目经营所得。由于没有所有权，投资者不能够分享到不动产增值带来的收益。相反，随着不动产经营年限的减少，基金净值呈现逐年递减的趋势，也就是价格变动是负收益。作为公募 REITs 基金的投资者，收益来自两个部分：一个是股息/分红，另一个是价格变动。所以一般情况下经营权 REITs 基金会给到投资者比所有权 REITs 基金更高的股息率/分红率，拉高总体收益，达到与所有权REITs基金大致持平甚至更高的水平，来吸引投资者。这就是经营权REITs基金股息率一般高于所有权REITs的原因。

2021年首批发行的9只公募REITs基金中，有4只经营权REITs基金（见图4-6）：沪杭甬高速（证券代码：508001）、首钢生物质（证券代码：180801）、首创水务（证券代码：508006）和广河高速（证券代码：180201）。从已经发行的经营权REITs基金来看，2021年的股息率在4.10%～4.74%之间。

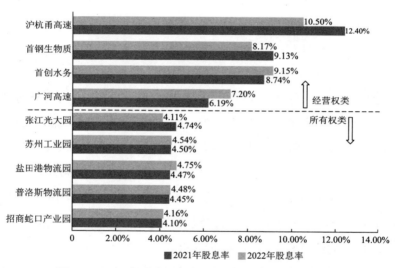

图4-6　2021年首发的公募基础设施REITs基金细分

2. 经营权REITs特有的投资风险

经营权REITs基金普遍存在基金封闭期长于特许经营剩余年限的情况。从表4-5最右边两栏可以观察到，2021年首发的4只经营权REITs基金，基金封闭期的年限比特许经营剩余的年限要长。比如，广河高速特许经营权期限到2036年底，大约剩余15年的经营期限，然而基金的封闭期长达99年，封闭期比经营期限长了84年。这也就意味着，当特许经营权剩余的年限结束前，基金管理方要么需要找到其他资产装进来，为投资者带来回报，要么需要跟政府沟通好，延长特许经营的年限，否则基金净值就归零。这其中存在一定的不确定性，也就是投资风险。而投资者购买经营权REITs，承担这种不确定性的风险，所以已披露回报率（IRR）的两只经营权REITs基金整体回报率都在6%，相对比所有权REITs基金4.5%左右（4.10%～4.74%）的回报率高约1/3，作为投资者承担风险的一种补偿。

3. 选所有权REITs看股息率，选经营权REITs要看内部回报率

所有权REITs基金收益率的比较相对简单，主要是股息率之间的比较，比如2021年张江光大园的股息率为4.74%，招商蛇口产业园的股息率为4.10%，二者不动产均位于一线城市周边，增值的潜力相仿，所以张江光大园相对招商蛇口产业园的股息高，相对更有吸引力。

经营权REITs基金的收益率比较用内部回报率即IRR较为合适。内部回报率，是假设投资者持有资产直到其经营期满为止，每年能得到的投资回报率。因为不同经营权REITs的经营权时间长度不尽相同，同一个经营权REITs内部不同的底层资产的经营权时间长度也长短不一（见表4-5），IRR比较适合用于横向比较投资期限不同的项目。

表 4-5 经营权 REITs 项目基金封闭期及特许经营剩余年限

证券代码	简称	经营内容	具体项目	特许经营期限	特许经营剩余年限（截至2021年）	基金封闭期
180201	广河高速	广河高速广州段经营权	广河高速广州段经营权	2011年12月17日—2036年12月16日	15	99
180801	首钢生物质	垃圾焚烧发电厂	垃圾焚烧发电厂	2015年4月13日—2035年4月12日	24	21
		垃圾处理	从事生活垃圾经营性处理服务（暨仅限从事餐厨垃圾经营性收集、运输服务）	2020年6月22日—2022年6月21日	1	21
		垃圾收集及运输	从事生活垃圾经营性清扫、收集、运输服务审批（暨仅限从事餐厨垃圾经营性收集、运输服务）	2020年11月16日—2022年11月15日	1	21
		餐饮厨余垃圾处理	从事生活垃圾经营性处理服务（暨仅限餐饮服务单位厨余垃圾处理服务）	2020年12月16日—2022年12月15日	1	21

续表

证券代码	简称	经营内容	具体项目	特许经营权期限	特许经营剩余年限（截至2021年）	基金封闭期
508001	沪杭甬高速	杭徽高速浙江段经营权	留汪段	2006年12月26日—2031年12月25日	10	20
			汪昌段	2006年12月26日—2031年12月25日	10	20
			昌呈段	2004年12月26日—2029年12月25日	8	20
508006	首创水务	深圳水质净化厂	深圳市永福水质净化厂	2009年2月10日—2031年2月9日	10	26
			深圳市公明水质净化厂	2011年12月20日—2033年12月19日	12	26
			深圳市松岗水质净化厂	2009年2月10日—2031年2月9日	10	26
		合肥污水处理厂	合肥市十五里河污水处理厂PPP项目	2018年9月30日—2047年9月29日	26	26

举例说明经营权 REITs 基金之间的比较。沪杭甬高速披露其 IRR 不低于 6%，首创水务披露其 IRR 大约为 6%。所以虽然从 2021 年股息率来看，沪杭甬高速的 12.4% 远远高于首创水务的 8.74%，但是在综合考虑其经营权年限对基金净值的影响之后，二者的回报率水平是相近的，都在每年 6% 左右。

第五节 合理的管理费率：胡萝卜和大棒

投资公募 REITs 基金相关的费用主要有认购费、托管费和管理费三大块。能有区分度的主要是在管理费这一块。

1. 认购费和托管费

投资者若是在公募 REITs 基金上市时认购基金份额，则存在认购费用。认购费用不计入基金资产，主要是用于基金的宣传推广等。2021 年 6 月首发的 9 只基础设施 REITs 基金大同小异，费率基本上在认购金额的 0.5% 附近（见表 4-6、表 4-7）。一次性认购的金额越大，认购费率就越低，基本上一次性认购超过 500 万元，认购费率只需要 1000 元/笔（如张江光大园需要一次性认购 1000 万元以上，才能达到 1000 元/笔的认购费率）。

表 4-6　深圳证券交易所上市的 4 只公募 REITs 基金认购费率和托管费率

股票代码	简称	认购金额（M，元）	认购费率	托管费率
180101	招商蛇口产业园	M<500 万	0.50%	净值的 0.015%
		M≥500 万	1000 元/笔	

续表

股票代码	简称	认购金额（M，元）	认购费率	托管费率
180201	广河高速	M<100万	0.60%	净值的0.03%
		100万≤M<300万	0.40%	
		300万≤M<500万	0.20%	
		M≥500万	1000元/笔	
180301	盐田港物流园	M<100万	0.60%	净值的0.01%
		100万≤M<300万	0.40%	
		300万≤M<500万	0.20%	
		M≥500万	1000元/笔	
180801	首钢生物质	M<100万	0.60%	净值的0.05%
		100万≤M<300万	0.40%	
		300万≤M<500万	0.20%	
		M≥500万	1000元/笔	

表4-7 上海证券交易所上市的5只公募REITs基金认购费率和托管费率

股票代码	简称	认购金额（M，元）	认购费率	托管费率
508000	张江光大园	M<1000万	0.50%	净值的0.01%
		M≥1000万	1000元/笔	
508001	沪杭甬高速	M<500万	0.20%	净值的0.01%
		M≥500万	1000元/笔	
508006	首创水务	M<100万	0.60%	净值的0.01%
		100万≤M<300万	0.40%	
		300万≤M<500万	0.20%	
		M≥500万	1000元/笔	
508027	苏州工业园	M<100万	0.60%	净值的0.01%
		100万≤M<300万	0.40%	
		300万≤M<500万	0.20%	
		M≥500万	1000元/笔	

续表

股票代码	简　称	认购金额（M，元）	认购费率	托管费率
508056	普洛斯物流园	M<100万	0.60%	净值的0.01%
		100万≤M<300万	0.40%	
		300万≤M<500万	0.20%	
		M≥500万	1000元/笔	

托管费由托管方收取，计算的基数是上一年度基金净值，基本上收取基金净值的0.01%。经营权REITs的净值逐年递减，经营期限短的REITs基金净值下降较多，所以部分经营权REITs基金收取的托管费较高，比如首钢生物质托管方收取0.05%的托管费，因为基金底层资产除了垃圾焚烧发电厂还有24年到期（截至2021年），其余的经营权将于2022年到期（见表4-5），只剩下1年时间，虽然大概率可以延期，但毕竟存在一定的不确定性，2022年的基金净值很可能会有一定幅度的下降，所以托管费率收得比较高。但只要项目经营权能够顺利延期，对于投资回报并没有很大的负面影响。

2. 管理费

REITs管理费率的设定十分重要，由于管理团队与股东之间的利益不一致，可能发生"代理人利益冲突"，即"代理人"——管理团队为了自身"利益"——更高的管理费而牺牲REITs股东的利益。

管理费率应该如何设置更合理？大的原则说起来有三条：第一，管理费率应该与基金的运营结果、投资者回报水平挂钩；第二，如果运营结果出色，激励充分到位，管理团队能够很好地分享到运营管理的成果；第三，能够一定程度上打消管理团队损公肥私，为自己谋私利而损害投资者利益的念头。所以与REITs的管理费率相关的规则由以下四个部分构成：

（1）固定管理费，又称基础管理费，根据管理的基金总资产的一定比例计提。

（2）浮动管理费，又称业绩管理费，根据业绩完成情况设定奖励。

（3）限制杠杆率，防止管理者通过过度借贷做大基金管理资产规模，提高自身收取的管理费同时损害投资者回报水平。

（4）资产并购和卖出奖励，鼓励团队买入有提升潜力的资产，通过管理提升后卖出，为投资者创造更高的回报。

那么，2021年基础设施REITs基金的管理费率是怎么设定的呢？

首先是固定管理费率。表4-8和表4-9中，共计5只REITs基金（招商蛇口产业园、广河高速、首钢生物质、首创水务和苏州工业园）采用了以基金净资产为基数，外加营业收入或者可供分配金额为基数提取固定管理费的方式；3只REITs基金（盐田港物流园、张江光大园和沪杭甬高速）仅以基金净资产为基数，1只（普洛斯物流园）以基金募集金额为基数计提固定管理费。

表4-8 深圳证券交易所上市的4只公募REITs基金管理费率

股票代码	简 称	固定管理费	浮动管理费
180101	招商蛇口产业园	最近一年基金净资产的0.15% 基金当年可供分配金额的3.50%	无

续表

股票代码	简称	固定管理费	浮动管理费
180201	广河高速	前一估值日基金净资产的0.115%月度营收的1.37%	项目已实现的营业收入与《基础设施项目初始评估报告》预计的营收的差额的30%,减去合同生效日后已支付的浮动管理费
180301	盐田港物流园	基金净资产的0.3%	浮动管理费1: $M=N \times K \times L$ N: 项目营业收入（不含税/物业） K: 初始值4%,业绩超额完成则上浮 L: 实际营业收入完成比例 浮动管理费2: 项目公司营收超额完成0%～25%、25%～50%、50%以上,则分区间收取13%、25%、45%的浮动管理费
180801	首钢生物质	基金资产净值的0.1% 基金当年可供分配金额的7%	年度基金可供分配金额超出1.4亿元部分×10%+项目公司年度运营收入超过395 153 982.54元的部分×20%

表4-9 上海证券交易所上市的5只公募REITs基金管理费率

股票代码	简称	固定管理费	浮动管理费
508000	张江光大园	基金净资产的0.55%	浮动管理费1: 实际运营净收入超过净收入目标部分的10% 浮动管理费2: 净收入的4%减去基金净资产的0.2%
508001	沪杭甬高速	基金净资产的0.125%	现金分派率高于10%（含）、9%（含）～10%、9%以下,分别对应运营收入的1.2%、1%、0.8%
508006	首创水务	基金净资产的0.1% 营业收入的0.86%	根据息税折旧摊销前净利（EBITDA）完成率确定浮动管理费率

续表

股票代码	简称	固定管理费	浮动管理费
508027	苏州工业园	基金净资产的0.15% 基金当年可供分配金额的1.05%	浮动管理费1： 科智商管实际净收入与预测的国际科技园5期预测收入差额的40% 浮动管理费2： 园区艾派科实际净收入与预测的2.5产业园一期和二期收入目标差额的40%
508056	普洛斯物流园	基金募集规模的0.7%	第一年以租赁收入的5%计提；第二年起，当租赁收入范围分别为：小于3.2亿元、3.2亿元~3.8亿元、3.8亿元以上，则浮动管理费率分别是租赁收入的4.8%、5%、5.2%

其主要的差别在于固定管理费是否与运营结果挂钩。比如盐田港物流园和苏州工业园相比，苏州工业园的固定管理费率由基金净资产的0.15%加上基金可供分配金额的1.05%来计算，而盐田港物流园直接提取基金净资产的0.3%。相比较而言，盐田物流园拿固定管理费的压力比较小，因为反正干好干不好都是净资产的0.3%。而苏州工业园管理团队就不同了，拿的固定管理费跟可供分配金额挂钩，也就是说，哪怕为了自己多拿点固定管理费，也要比盐田港物流园的管理方更卖力地提高可供分配金额。从激励团队和股东利益一致的角度来说，固定管理费与基金净资产和运营结果两个变量挂钩更合适。

目前发行的几只公募REITs基金的固定管理费率有一点值得称赞的是，固定管理费大部分是以基金净资产而不是总资产来计提。净资产和总资产的差别是基金的负债。换句话说，计算固定管理费的时候，根据的是总资产扣掉负债以后的基金规模，所以基金经理就没有动力通过过度负债来做大基金规模并提取更高的基金固定管理费，打消了基金管理团队损公肥私的念头。

其次是浮动管理费。9只REITs基金中除了招商蛇口产业园未设定浮动管理费以外，其他8只REITs基金都设定了浮动管理费。这一部分基本上都是为超额完成业绩的情况下，为管理团队准备的奖金。有浮动管理费奖励超额完成业绩，激励团队的力度更大，也更精准，有利于绑定管理团队与股东利益。

再次是限制杠杆率。目前证监会要求所有REITs基金的杠杆率（负债/总资产）不得超过28.6%，已经为所有REITs投资者控制住了杠杆率这一关键变量，保证了所有REITs基金投资者不会因为杠杆率过高而影响投资回报率。所以对于单个REITs基金来讲，无须重复强调目前已经略显严格的杠杆率限制。

最后是鼓励资产循环。资产循环包括资产并购和卖出。出于审慎考虑，2021年首批发行的9只REITs基金都没有涉及这一块内容，只有发改委的"958号文"鼓励所有的REITs基金后期扩大募集规模，并且规定扩募的规模最少是首发规模的2倍。REITs基金扩大基金募集规模，募集来的资金肯定是要花出去买资产，一定程度上等于是鼓励资产并购或者是装入更多的资产。

总的来说，REITs的固定管理费率能够与运营结果挂钩，并且浮动管理费能够有力地激励管理团队的收费结构是最理想的结构，这样的结构能够很好地把管理团队的积极性调动起来，为股东创造最大的利益。

——— 第五章

公募 REITs 基金如何买卖

2021年我国首批发行的9只REITs是以公募基金的形式落地，所以在我们国家投资REITs实际上是购买公募基金的份额。跟所有证券投资一样，投资公募REITs基金份额的第一步是开户，拥有相应的账户，用以实现投资者的投资意愿。按照投资渠道来分，投资公募REITs基金份额可以通过场内（交易所内，主要通过证券公司）或者场外（不通过交易所，主要通过基金公司）两个渠道来实现。相应地，投资者需要拥有场内的证券账户或者场外的基金账户。场内的证券账户可以认购并交易公募REITs基金份额，而场外的基金账户只能实现认购的功能，无法交易公募REITs基金份额。按照投资方式来分，投资公募REITs基金份额可以通过认购或者交易这两种方式来实现。

场内和场外两个投资渠道，其差别不仅仅是交易是否在交易所内进行，还包括了交易对手、交易价格以及所用的交易账户等差别。投资者需要充分了解二者的区别，以减少信息了解不完整造成的投资损失。

投资公募REITs基金份额，可以通过认购或者交易这两种方式来实现。认购就是投资者直接从基金发行方直接购买，也叫"一级市场投资"；交易就是从其他投资者手中购买基金份额，又称为"二级市场投资"。

认购基金份额时，投资者被划分为三类：战略投资者、网下投资者和公众投资者。一般的个人投资者属于"公众投资者"。将投资者划分成不同类别的原因在于，基金发行方需要首先确定市场对于本次基金发行的认可程度,看看能否发行成功。所以需要先跟资金体量大、持有时间长的战略投资者接触,并募集大部分所需的资金;在确定市场反应较好、认可度较高的情况下,继续跟网下投资者,也就是机构投资者沟通,并通过询价来确定发行价格,最后是让一般的中小投资者,也就是公众投资者获得一些投资的份额。

交易基金份额时,投资者可以通过竞价、大宗、询价交易公募 REITs 基金份额。交易公募 REITs 基金份额一定是在场内进行。目前投资者的交易对手除了其他投资者之外,还可以是基金的做市商。

第一节 投资 REITs 前的准备:开户

投资公募 REITs 基金,需要开设相应的账户用以实现投资。这里重点介绍需要开设哪些账户,以及这些账户对应的功能。具体的开户细节,读者们可以直接咨询证券公司或者基金公司。

一、场内证券账户和场外基金账户

投资公募 REITs 基金份额需要哪些账户?答案很简单,场内证券账户和场外基金账户。

需要两个(类)账户的原因在于,公募 REITs 基金份额的销售主要有两个渠道:一个是场内渠道,主要由证券公司来销售；另一个是场外渠道，主要是基金公司。场内证券账户又可以根据交易所和可以交易的投资品种不同进行进一步的细分（见表5-1）。上交所和深交所都有各自独立的证券账户，每个证券账户都包括股票账户和基金账户，所以总共是4个场内账户和1个场外账户。

严格来说，我国的场内交易市场将包括北交所（北京证券交易所）、上交所和深交所，2021年9月底北交所开展第一次开市全网测试，准备开市。但是鉴于北交所的定位是扶持"专精特新"的"小巨人"，开户门槛也是参照科创板的日均资产50万元来执行，与公募REITs基金投资并不存在直接的关联，而且在可预见的未来，公募REITs基金应该也不会放在北交所发行和交易，所以我们在考虑投资公募REITs基金份额的时候只讨论上交所和深交所的证券账户。

表5-1 投资公募REITs基金份额需要开设的账户

场内/场外	账户类型	账户子类型	功　能
场内证券账户	上交所证券账户	普通股票账户	认购/交易
		基金账户	
	深交所证券账户	普通股票账户	
		基金账户	
场外	基金账户		认购

二、投资的方式：认购或者交易

在开设了相应的账户之后，个人投资者可以投资公募REITs

基金份额，投资的方式有两种：认购和交易。下面就为各位读者介绍一下认购和交易的流程以及涉及的账户。

1. 公募 REITs 基金正式上市前：认购

在公募 REITs 基金通过监管机构的审核后，个人投资者可以在基金募集期内，通过场内证券账户或者场外基金账户认购基金份额。认购基金份额类似于股票市场的"打新股"。在公募 REITs 基金正式上市前，会有一段时间作为募集期，投资者可以在此时认购新上市的公募 REITs 基金（见图 5-1）。公募 REITs 基金募集资金渠道（或者叫作"发行渠道"，也就是销售基金份额的渠道）主要有两个：一个是场内渠道，另一个是场外渠道。所以相对应的就有两个认购的渠道：场内认购和场外认购。

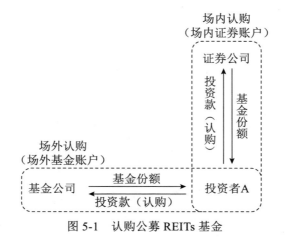

图 5-1 认购公募 REITs 基金

2. 公募 REITs 基金正式上市后：交易

在公募 REITs 基金正式上市后，交易只能通过场内证券账户执行。理论上来说，投资者可通过场内证券账户或者场外基金账户两种方式交易基金份额，但是考虑到不动产投资周期较长，2021 年首批上市的公募 REITs 基金均为封闭式基金，以后大部分公募 REITs 基金估计也都是封闭式基金。封闭式基金的意思是投资者买了基金份额（图 5-2 中的①或②）以后，基金就"封闭"起来运营及投资，不再开放给投资者购买更多份额或者赎回已经购买的份额。所以如图 5-2 所示，无论是场内的证券账户或者场外的基金账户在认购完成后，投资者都无法从基金公司或者证券公司那里赎回或者申购基金份额，只能通过场内证券账户将认购到的基金份额转让给其他投资者（图 5-2 中的④）。因此要交易公募 REITs 基金份额只能通过场内证券账户，如果是场外认购的基金份额，需要将场外的基金份额转到场内的证券账户（图 5-2 中的③）。

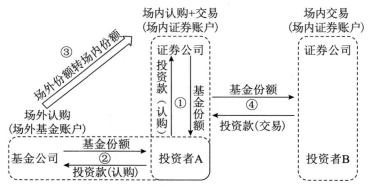

图 5-2　公募 REITs 基金份额交易

|第二节| 投资 REITs 的渠道：场内和场外

上文提到，投资 REITs 的渠道包括场内渠道和场外渠道。那么，到底什么是场内，什么是场外？两者的区别到底有哪些？

这里的"场"指的是交易所，我们国内的交易所包括上交所、深交所和北交所。顾名思义，场内交易是在交易所内，通过交易所的会员单位（主要是证券公司）进行；而场外交易是在交易所之外，比如基金公司完成交易。场内和场外的区别不仅仅在于是否在交易所交易，还包括：

（1）交易对手。假如投资者 A 卖出公募 REITs 基金份额，投资者 B 买入投资者 A 的相应份额，交易的双方包括投资者 A 和投资者 B，双方互为对方的交易对手。一般来说，场外基金交易的交易对手是基金公司，场内交易的对手是其他投资者（见图 5-3）。在场外，投资者买（认购或者申购，认购是在基金正式上市前买，申购是基金正式上市后买）和卖（赎回）基金份额，都是与基金公司直接交易，是"一手"的基金份额，而场内投资者交易基金份额，都是从基金公司或者证券公司那里买（认购或者申购）份额，再卖（交易，不是认购或者申购）给其他投资者，或者从其他投资者手里买（交易）基金份额，也就是说，在场内买卖的是"二手"基金份额。

图 5-3　基金投资者的交易对手

公募 REITs 基金有两个特殊安排，导致其交易与一般基金有所区别。其一，公募 REITs 基金是封闭式基金，这意味着投资者认购了基金以后，在封闭期内无法再把份额卖回基金公司（基金份额无法赎回），所以场外认购的基金份额必须转到场内，才能把份额再卖给其他投资者。其二，监管机构安排了做市商制度（见图 5-4），每只公募 REITs 基金都需要安排至少一家做市商。做市商就是自己先买进公募基金份额，当市场上的投资者想买（或者想卖）而没有人愿意卖（愿意买）的时候，做市商就作为投资者的交易对手出现，卖出（或者买入）基金份额。之所以安排做市商制度，是由于大部分的公募 REITs 基金是长期投资者，买入后不会频繁地交易基金份额，所以市场上能买卖的基金份额不是很多，做市商制度能够有效避免投资者无法交易的情况，增加市场的流动性。

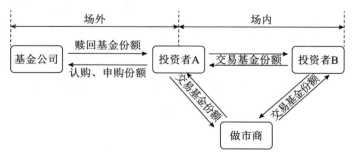

图 5-4　公募 REITs 基金场内场外交易

（2）价格。场外基金申购或者赎回的价格，依据的是每个交易日结束后计算出的基金净值。场内基金交易的价格，则是在基金净值的基础上，基金买卖双方根据市场情况决定最后的成交价格，而这个价格很可能是偏离了基金的净值，可能在基金份额受追捧的时候交易价格高于基金净值，也就是存在溢价，也可能在市场低迷时交易价格低于基金净值，存在折价。

（3）账户。场外的基金用的是场外基金账户认购、申购、赎回、交易，而场内的基金是通过场内证券账户实现。

第三节 投资 REITs 的方式：一级市场认购和二级市场交易

一级市场认购，就是直接从公募 REITs 基金的发行渠道方，比如证券公司和基金公司，直接购买基金份额；二级市场交易，就是从认购了公募 REITs 基金份额的投资者手中购买基金份额。为了便于理解，可以简单将之与房地产市场的交易做类比，一级市场的认购是买一手房或者是一手的基金份额，二级市场的交易就是交易二手房或者二手的基金份额。

一、一级市场认购

认购公募 REITs 基金份额的投资者分为三类：战略投资者、网下投资者和公众投资者。对投资者进行分类的原因在于，不同类型的投资者差别很大。投资者之间的差别，第一体现在资金体量方面，机构投资者的资金量在千万元甚至是亿元级别，而个人投资者的资金体量就小得多。第二体现在投资者的专业程度上，机构投资者对于投资标的的研究更深入，而个人投资者相对而言专业程度较低。第三，就是投资者的投资需求差异较大，比如机构投资者希望能够买到足够数量的基金份额，对份额的数量较为敏感，而对价格相对不是那么敏感。但是对于中小投资者而言，受限于自身资金体量，对于购买的份额数量并不敏感而对买入的价格较为敏感。基于以上三个方面的差异，投资者被分为三个类别，并被赋予不同的权利与义务。

1. 三类投资者

（1）战略投资者

战略投资者主要包括 REITs 底层资产的原始权益人（及其关联方）和其他专业投资机构。作为战略投资者，在买（接受定向配售）公募 REITs 基金份额的时候能够买到足够的数量，这是战略投资者的权利与优势。与此同时，战略投资者需要承担一定的义务，那就是较长的锁定期。根据公募 REITs 基金发行的相关规定，原始权益人需要认购至少 20% 的发行份额，并且在 REITs 上市之后至少持有 5 年时间，超过 20% 的部分，至少持有 3 年（见表 5-2）；除了原始权益人及其关联方之外的投资机构也可以成为战略投资者，非原始权益人的战略投资者需要在 REITs 上市后持有 1 年。

表 5-2　战略投资者配售份额及锁定期

战略投资者	持有份额	锁定期
原始权益人及其关联方	至少认购本次发行的 20%	20% 的部分，需在 REITs 上市以后至少持有 60 个月；超过 20% 的部分，需在 REITs 上市以后至少持有 36 个月
其他金融机构	与基金管理人商议	REITs 上市以后 12 个月

数据来源：《公开募集基础设施证券投资基金指引（试行）》。

到底谁可以成为战略投资者？毕竟只有成为战略投资者才能买到足够数量的基金份额。监管机构框出了大的范围：证券公司、基金管理公司、信托公司、财务公司、保险公司及保险资产管理公司、合格境外机构投资者、商业银行及银行理财子公司、政策性银行、符合规定的私募基金管理人以及其他符合中国证监会及本所投资者适当性规定的专业机构投资者。全国社会保障基金、基本养老保险基金、年金基金等也可以成为战略投资者。

中金普洛斯在其询价报告中列出了选择战略投资者的几条标准：①具有长期投资意愿的大型保险公司或其下属企业、国家级大型投资基金或其下属企业；②追求资产长期稳健投资回报的证券投资基金或其他资管产品；③具有丰富基础设施项目投资经验的投资机构、政府专项基金、产业投资基金等专业机构投资者；④原始权益人及其相关子公司；⑤原始权益人与同一控制下关联方的董事、监事及高级管理人员参与本次战略配售设立的专项资产管理计划；⑥其他具备良好的市场声誉和影响力，具有较强资金实力，认可基础设施基金长期投资价值的专业机构投资者。

从中金普洛斯挑选战略投资者的标准来看，除了原始权益人及其关联方以外，长期稳健的投资者是战略投资者的最佳人选，这也是大部分公募 REITs 基金的选择标准，比如保险公司、政府专项基金、产业基金，都是买了 REITs 以后哪怕是过了限售期也不会轻易卖掉的投资机构，而非投机机构。

中金普洛斯挑选了原始权益人在内的 7 家机构作为战略投资者（见表 5-3）。这 7 家战略投资者总共买了本次发行份额的 72%（见表 5-4），其中发起人关联方 GLP（普洛斯）投资买了 20%，需要锁定 5 年，其余的战略投资者需要锁定 1 年。中金普洛斯本次基金发行 15 亿份，战略投资者总共买了 72%，也就是 10.8 亿份，大部分其实是被战略投资者买了。其中，买得最多的是泰康人寿，这是一家寿险公司，买了 20%，也就是 3 亿份。买得最少的是中保基金（中国保险投资基金），买了 1.78% 的份额，也就是 2670 万份，每份发行价格 3.89 元，中保基金花了将近 1.04 亿元（2670 万份乘以每份 3.89 元）成为占比最小的战略投资者。

表 5-3 中金普洛斯战略投资者名单

序号	名称	类型
1	GLP 投资（GLP Capital Investment 4（HK）Limited）	原始权益人及其相关子公司
2	泰康人寿（泰康人寿保险有限责任公司）	具有长期投资意愿的大型保险公司或其下属企业、国家级大型投资基金或其下属企业
3	大家投控（大家投资控股有限责任公司）	具有长期投资意愿的大型保险公司或其下属企业、国家级大型投资基金或其下属企业

续表

序号	名　称	类　型
4	中保基金（中国保险投资基金（有限合伙））	具有长期投资意愿的大型保险公司或其下属企业、国家级大型投资基金或其下属企业
5	建信信托-凤鸣（建信信托-凤鸣（鑫益）1号集合资金信托计划）	追求资产长期稳健投资回报的证券投资基金或其他资管产品
6	中金财富证券（中国中金财富证券有限公司）	其他具备良好的市场声誉和影响力，具有较强资金实力，认可基础设施基金长期投资价值的专业机构投资者
7	首源投资（北京首源投资有限公司）	其他具备良好的市场声誉和影响力，具有较强资金实力，认可基础设施基金长期投资价值的专业机构投资者

数据来源：基金份额发售公告。

表 5-4　中金普洛斯战略投资者购买比例及锁定期/限售期

序号	名　称	承诺认购份额占基金份额发售总量的比例	限售期（自基金上市之日起）
1	GLP投资	20.00%	60个月
2	泰康人寿	20.00%	12个月
3	大家投控	8.39%	12个月
4	中保基金	1.78%	12个月
5	建信信托-凤鸣	3.50%	12个月
6	中金财富证券	8.33%	12个月
7	首源投资	10.00%	12个月
	合计	72.00%	—

数据来源：基金份额发售公告。

（2）网下投资者

网下投资者包括证券公司、基金管理公司、信托公司、财务公司、保险公司及保险资产管理公司、合格境外机构投资者、商业银行及银行理财子公司、政策性银行、符合规定的私募基金管理人以及其他符合中国证监会及本所投资者适当性规定的专业机构投资者。网下投资者应当按照规定向中国证券业协会注册，接受中国证券业协会自律管理。全国社会保障基金、基本养老保险基金、年金基金等机构也可以参照相应的规定作为网下投资者参与其中。也就是说，投资机构是网下投资者，个人投资者不属于网下投资者。

网下投资者的投资金额远远超出一般的个人投资者，比如中金普洛斯要求网下投资者最低认购280万份，认购数量的最小变动单位为10万份，以中金普洛斯3.89元的发行价计算，每个网下投资者至少需要投资约1000万元（280万份乘以3.89元/份），这并不是一般的个人投资者能够投资的金额。

（3）公众投资者

除了战略投资者和网下投资者之外，愿意从基金发行方直接购买（认购）公募REITs基金的投资者，都可以成为公众投资者。

2. 认购的顺序

基金发行方首先是把份额配售给战略投资者，接着再满足网下投资者的认购，最后才满足公众投资者的认购。

3. 认购的价格

公募 REITs 基金的认购价格是通过网上发行电子平台向网下投资者以询价的方式确定。基金份额认购价格确定后，战略投资者、网下投资者和公众投资者按照规定的认购方式，参与基础设施基金份额认购。也就是说，认购的价格其实是网下投资者们通过询价的方式确定，然后三类投资者根据询价确定的价格来认购基金份额。

那么，网下投资者是如何通过询价来确定认购的价格？网下投资者在规定时间内，各自向基金管理人或者基金财务顾问报上自己认购的数量和价格，基金管理人或者财务顾问剔除不符合条件的无效报价和相应的数量后，确定报价的平均值和中位数，一般是取二者中较低的数值作为最终认购的价格。如果最终认购的价格超过报价的平均值和中位数的较低值，那么基金管理人或者财务顾问就需要在基金份额认购首日之前至少 5 个工作日，发布投资风险特别公告，并在公告中披露超过的原因，以及各类网下投资者报价与认购价格的差异情况，同时提请投资者关注投资风险，理性做出投资决策。

4. 认购的数量

三类投资者认购数量的原则是，战略投资者中的原始权益人及其关联方至少要认购发行份额的 20%，刨除战略投资者认购数量后，至少要将 70% 配售给网下投资者，最后将剩下的分配给公众投资者。分给网下投资者和公众投资者的份额将根据认购的情况做出调整。比如说，公众投资者认购热情度很高，有效认购倍数超过事先设定的倍数，那么就会出现将一部分原来配售给网下投资者的份额调整给公众投资者；但如果公众投资者认购热情不高，那么就有可能出现公众投资者的份额被回拨给网下投资者的情况。

举例来说，中金普洛斯2021年首次发行15亿份公募REITs基金，其中战略投资者认购了72%，也就是10.8亿份。那么根据发售规则，剩下的4.2亿份至少要有70%，也就是2.94亿份配售给网下投资者。中金普洛斯给了网下投资者80%（高于70%，符合规定）也就是3.36亿份，公众投资者分得8400万份。后由于公众投资者有效认购倍数超过了事先约定的倍数（10倍），所以将有一部分网下投资者的份额（首次发售份额的10%）被回拨给公众投资者。

各位投资者需要注意，认购公募REITs基金时，在认购时需要足额缴纳认购款，而不是像股票打新股那样只要持有相应市值的股票就可以。

5. 认购／发售的关键时间节点

投资者认购的流程就是基金发售方发售的流程。以2021年首批公募REITs基金发售流程为例，T日为发售期首日，以T日为分界线可分为：

（1）发售期首日前：T-8日，也就是发售期首日前8日，基金发售方开始发布相关文件，开展网下路演，网下投资者提交相关核查材料以证明自己符合网下投资者的资格（见图5-5），路演并核查资格持续约3天时间（到T-6日）；路演结束后第二天（T-5 日）是网下投资者询价日，并在询价日后第二天（T-4 日）确定所有投资者认购的价格，同时初步确认战略投资者和网下投资者能买到的份额，然后 T-3 日刊登《基金份额发售公告》。

（2）发售期首日：网下投资者认购并缴款；同时，公众投资者认购并缴款。

（3）发售期首日后：一般预留有 1～2 个交易日（到 T+2 日）给网下投资者和公众投资者继续认购并缴款，如果市场认购热情较高，认购倍数较高，发售方可能提前结束发售。2021 年首批发行的 9 只公募 REITs 基金产品全部得到市场的高度认可，全部提前结束发售。发售结束后，如果公众认购倍数较高，可能会（T+3 日）回拨一部分份额给公众投资者，确定回拨比例后，战略投资者、网下投资者及公众投资者可认购份额最终确定；T+4 日确认公众投资者份额，并在接下来的时间退还三类投资者投资余款（到 T+6 日），发售流程完成。

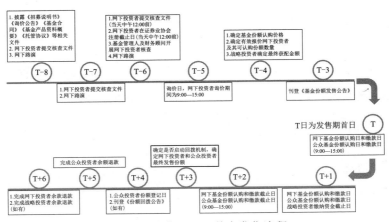

图 5-5　公募 REITs 基金发售流程

二、二级市场交易

1. 交易的方式

公募REITs基金在二级市场的交易均为场内交易,包括竞价交易、大宗交易、询价交易三种交易方式。

(1)竞价交易

竞价交易是投资者之间相互竞争性出价,试图买入或者卖出公募REITs基金份额。竞价交易可分为连续竞价交易和集合竞价交易。连续竞价交易是价格报的最好的(卖家报的最低的价格是最好,买家报的最高的价格是最好)、最早的先成交,即价格优先、时间优先(同样的价格,先报价的先成交)原则,投资者依次以不同的价格成交。集合竞价交易是一段时间内能够成交的最大的交易量的价格,大家都以这个价格同时成交。大部分交易时间是连续竞价交易,只有决定开盘价和收盘价的时候是采用集合竞价交易。

(2)大宗交易

当交易数额较大时,可以通过大宗交易的方式交易。根据交易申报时间不同,可以分为协议大宗交易和盘后定价大宗交易。盘后定价大宗交易是在收盘后(下午3:05)以后开始报价。

(3)询价交易

投资者作为询价方向被询价方发送询价请求,被询价方针对询价请求进行回复,询价方选择一个或者多个询价回复确认成交的交易方式。

2. 交易的时间

三种交易方式的交易申报时间略有差异,具体如表 5-5 所示。大宗交易和询价交易在接受申报的时间段内实时成交,而竞价交易在开盘前(9:15—9:25)和收盘前(14:57—15:00)的一段时间内存在集合竞价,就是交易所会汇总这个时间段内的报价,并选择成交量最大的那个价格作为统一的成交价格,所以并非实时成交。各位投资者只要注意以上这两个集合竞价的时段,就能避免成交价格的不确定。

表 5-5 三种交易方式的申报时间

交易方式	交易申报时间
竞价交易	9:15—9:25 9:30—11:30 13:00—15:00
大宗交易	协议大宗: 9:15—11:30 13:00—15:00 盘后定价大宗: 15:05—15:30
询价交易	9:15—11:30 13:00—15:30

3. 交易的数量

竞价交易申报数量为 100 份或者其整倍数,并且单笔申报的数量不超过 10 亿份。大宗交易和询价交易的申报数量为 1000 份或者其整倍数。

4. 交易的涨跌幅限制

上市首日涨跌幅限制在30%，非上市首日涨跌幅限制在10%。

5. 交易的对象

交易对象有两种，可以是其他投资者，也可以是基金的做市商（见图5-6）。

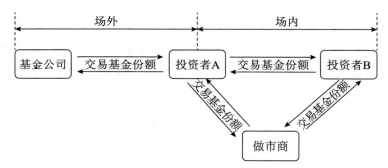

图5-6　公募REITs基金投资者交易对象

第 六 章

投资公募 REITs 基金前需要考虑的因素

上一章为大家详细介绍了买卖公募 REITs 基金的操作细节，包括开户、认购和交易相关的细节。开了户确实就可以开始公募 REITs 基金的投资之旅，但是俗话说"人无远虑，必有近忧"，在开了户之后，我劝大家还是冷静考虑一下是不是要开启这段旅程，毕竟投资这个事儿很多时候是"宁可错过，不可投错"。

那么，下单买卖之前需要考虑哪些问题呢？首先，我们要问一下自己，公募 REITs 基金适合我吗？这个问题实际上可以分解成两个小问题：

（1）从风险和收益的角度来看，公募 REITs 基金到底是什么？

（2）我的个人投资风险偏好是否适合公募 REITs 基金？

当然，如果结论是公募 REITs 基金适合自己，那么接下来还要回答买多少份额合适、买了拿住多久好、什么时候是好的买卖点等一系列后续的问题。

本章将一一解答这些问题，最后把这些问题的答案串在一起，给读者奉上国外顶级私人银行为高净值客户量身定制投资即资产配置的方法论，读者可以举一反三，用于优化所有投资决策。

第一节 公募 REITs 基金适合我吗

适合，从来都是双方看对眼的结果。男女相亲找对象，他/她可以不是最帅气、最美丽、最富有的，但却是最合适长期陪着走过一生的人生伴侣,正所谓"合适的才是最好的"。这个道理同样适用于选择投资产品:公募 REITs 基金可能不是收益率最高的投资品种,但是可能是最适合某一些投资者的投资品种。所以我们可以把"公募 REITs 基金适合我吗?"这个问题分解成两个小问题:

(1)是什么:从风险和收益的角度定义公募 REITs 基金。

(2)适合谁:我的个人投资风险偏好如何。

回答了这两个问题,投资者是否适合公募 REITs 基金的问题就自然迎刃而解。

一、是什么

首先,公募 REITs 基金是什么?在本书前面的"REITs 的风险和收益"中,已经详细介绍过公募 REITs 基金的风险和收益特征。从风险和收益的角度来定义的话,公募 REITs 基金是一种"中等风险、中等回报"的投资品种。只有把公募 REITs 基金的风险和收益特征搞清楚,才有可能知道它适合什么样的投资者群体。

1. 中等风险

公募 REITs 基金的风险为 R3(中等风险)等级。我国证券和基金行业将金融产品的风险划分为 5 个等级,从 R1(低风险)到 R5(高风险),R3 等级属于风险水平居于中等水平(见表 6-1)。中证协(证券业协会)和中基协(基金业协会)曾经给出了一份列表(见表 6-1),详细列举各个风险级别的基金分别能够投资的标的,供读者参考。转化成大白话就是,公募REITs基金的风险等级,中基协认为它的风险与股票、可转债类似,中证协则认为它的风险与股票、AA级信用债、新三板创新层挂牌公司股份等类似。

表 6-1　基金产品风险等级及其对应的投资标的/底层资产

风险等级	风险高低	基金业协会	证券业协会
R1	低风险	货币市场基金、短期理财债券型基金	主要包括国债、债券质押式逆回购业务、债券质押式报价回购业务、货币型产品、银行保本型理财产品及相关服务
R2	中低风险	普通债券基金	主要包括地方政府债、政策性银行金融债、AA+及以上级别的信用债及相关服务
R3	中风险	股票基金、混合基金、可转债基金、分级基金A份额	主要包括A股股票、B股股票、AA级信用债、新三板创新层挂牌公司股票、股票期权备兑开仓业务、股票期权保护性认沽开仓业务及相关服务
R4	中高风险	债券基金分级B份额	主要包括退市整理期股票、港股通股票、股票质押式回购(融入方)、约定购回式证券交易(融入方)风险警示股票、AA-级信用债、基础层挂牌公司股票、个股期权买入开仓业务、股票期权保证金卖出开仓业务、权证、融资融券业务及相关服务
R5	高风险	可转债基金分级B份额、股票分级基金B份额、大宗商品基金、私募股权基金、私募创投基金	主要包括复杂的结构化产品、AA-以下级别信用债、场外衍生产品及相关服务

数据来源:中基协、中证协。

2. 中等回报

中等回报在公募 REITs 基金这里的意思是，每年至少 4% 的股息率（见图 3-17），除此之外，可能还能享受到资产的增值（所有权类公募 REITs 基金），如果无法享受资产增值，那么往往会有更高的股息率（经营权类公募 REITs 基金）。

二、适合谁

公募 REITs 基金适合哪些投资者群体呢？与定义公募 REITs 基金类似，可以从风险和收益两个维度来划分不同的投资者群体。风险，就是投资者的风险偏好；收益，就是投资者的预期收益。可以接受中等投资风险，预期投资收益在年化 4% ～ 10.5% 股息率的投资者投资适合公募 REITs 基金。

"预期收益"很好理解，就是希望得到什么样的收益。公募 REITs 基金的收益比较稳定，基金份额的价格波动也不大。指望通过投资公募 REITs 基金来发家致富，本金每年翻番甚至更高，这就是不现实的预期，不可能实现。

那么，什么是风险偏好？什么样风险偏好的投资者可以接受公募 REITs 基金的中等投资风险？

1. 风险偏好

风险偏好，就是面对风险时做出的选择。偏保守的投资者选择回避风险，而偏激进的投资者往往选择承担风险。明确投资者的投资风险偏好，是做所有投资之前的"必修课"。只有明确了风险偏好以及相对应的期望收益,才能够根据投资者的风险偏好来匹配合适的投资品种。比如,一位激进的投资者所期望的投资收益与一位保守的投资者所期望得到的投资收益可能有天壤之别,适合前者的很可能是某种股票基金,而后者可能更适合低风险的债券基金或者公募 REITs 基金。

1)影响风险偏好的因素

风险偏好会受到诸多因素的影响,主要包括家庭环境、年龄、收入水平、收入来源、负债水平。

(1)家庭环境。从小耳濡目染的是通过稳稳当当的工作获取稳定的收入,还是投入全部身家博取更大的商业利益?企业家的孩子和工薪阶层家庭的孩子,长大以后面对风险的主观态度很可能会截然不同。

(2)年龄。年轻时,一人吃饱全家不愁,自然能够放手一搏,愿意冒险,哪怕冒险失败,大不了从头再来,可以全力"进攻",风险偏好极高。中年时,上有老下有小,进取拼搏的同时,希望一家老小的日常生活有所保障,投资时希望"攻守兼备",风险偏好较年轻时有所下降。老年时,大部分投资者已经退休,不再工作也不再创造财富,更多的是吃年轻时存下的老本。投资的产品如果出现剧烈的波动,尤其是大幅的亏损,一方面会影响老年生活的质量;另一方面会对投资者的身心健康造成负面影响,因为毕竟人生已经"夕阳红",不像年轻人那样哪怕亏损也有充分的时间"回本",所以老年人更加保守,风险偏好最低。

(3)收入水平。收入越高的投资者,从客观上来讲,承受投资风险的能力越强,同样是亏损 100 万元,年收入 100 万元的投资者和年收入10万元的投资者相比,前者只需要1年时间就能把亏损的钱通过投资以外的途径赚回来,而对后者而言可能是要面对艰难的10年以恢复元气。

（4）收入来源。通过稳定的来源比如工资,获得收入的投资者主观上往往倾向于同样能够获得稳定回报的投资品种,这样感觉更熟悉,投资起来更得心应手,这样的投资者相对更保守,风险偏好更低。而通过经营企业的企业主对于不可预期的、不稳定的现金流更加熟悉,往往也更容易接受投资的波动,主观上风险偏好也更高。

（5）负债水平。负债水平越高的投资者,客观上承担风险的能力越低,因为负债要求投资者有稳定的现金流定期偿还债务的本金或者利息。

除了上述五个方面影响风险偏好之外,投资经历、受教育程度等因素也会影响风险偏好。投资者在购买基金产品时都需要填写一份风险测评问卷,问卷中详细评估了影响风险偏好的几个要素,有兴趣的读者可以在本书最后的附录"基金投资者风险评测问卷"进一步深入了解。

2）风险偏好的主观意愿与客观条件

风险偏好其实需要细分为两个方面：承担风险的意愿和承担风险的能力。愿意去承担风险是主观的意愿,有能力承担风险是客观的条件。当主观意愿与客观条件不一致时,要以客观条件为准。比如一位退休的老年投资者,生活仅靠退休金和存款维持,从客观条件来说,该老年投资者的风险承担能力是比较低的,无法承受较大的投资风险。如果有一天,该老年投资者因为看到身边的朋友在股市获利颇丰,希望把所有的存款投入到股票市场最热门的板块(比如2021年的光伏板块)以获取投资收益,于是就出现了主观意愿(冒险以博取高收益)与客观条件(无法承受高风险)的冲突,这时需要以客观条件为准,仅投资风险较低的投资品类,而不应该冒险进入股市最热门的板块。因为追逐市场热点风险极大,追成了获利当然最好,但是一旦亏损,这将是老年投资者无法承受之痛。总之,建议各位投资者客观评估自身的风险承受能力,投资决策要以自身实际承担风险的能力为准。

2. 金融产品与风险偏好的匹配

风险偏好等级。同金融产品的风险等级一样,投资者的风险偏好也被划分为5个等级,从最保守的C1(保守型)到最激进的C5(激进型)(见表6-2)。简单来说,越保守的投资者对于风险以及投资损失的容忍度越低,相对应地,投资回报的期望值也比较低;而越激进的投资者对风险以及投资损失的容忍度越高,因为这一部分投资者希望通过承担投资风险,追求更高的投资收益。

表6-2 投资者的风险偏好等级以及适合的金融产品

风 险 等 级	风 险 等 级	适合的产品
C1	保守型	R1
C2	谨慎型	R1、R2
C3	稳健型	R1、R2、R3
C4	积极型	R1、R2、R3、R4
C5	激进型	R1、R2、R3、R4、R5

金融产品与风险偏好匹配。从表 6-2 中可以看到，投资者风险偏好确定以后，所匹配的适合投资者的金融产品是随着投资者风险偏好水平上升而升级的。比如对于 C1 的投资者，适合的就只有 R1 的产品，而适合 C3 投资者的产品则包括 R1、R2、R3 三个等级，适合 C5 投资者的产品则囊括了 R1 ~ R5 五个等级的所有产品。

风险偏好向下兼容。风险偏好高的投资者，除了可以投资同样风险等级的金融产品以外，还可以投资风险等级更低的金融产品。比如 C3 稳健型的投资者除了适合投资 R3 风险级别的金融产品（比如公募 REITs 基金）以外，还可以投资风险等级更低、风险更小的 R2 和 R1 级的金融产品。公募 REITs 基金作为一类 R3 风险等级的金融产品，除了适合 C3 稳健型投资者，也适合 C4（进取型）和 C5（激进型）的投资者。也就是说，除非你是极度谨慎、极度保守、极度厌恶投资风险的 C1（保守型）和 C2（谨慎型），否则公募 REITs 基金都是适合你的金融产品。

第二节 买多少合适

投资者明确自身的风险偏好和期望收益，并确定公募 REITs 基金是一类适合自身情况的金融产品后，就需要考虑要买多少份额的问题。在考虑这个问题的时候，我们以城镇居民的平均投资情况为基准，建议投资者在此基础上根据自身风险偏好来调整。首先考虑的是在现有投资的非金融资产中，有多少是可以直接被公募 REITs 基金替代的，比如说经营性的厂房。然后根据自身风险偏好程度，决定公募 REITs 基金份额替换哪些金融产品以及替换的比例高低。

1. 替代非金融资产

根据央行 2019 年的调查数据显示，城镇居民把将近八成（79.6%，见图 6-1）的资产投资到了非金融产品中，其中住房占总资产近六成（59.1%），商铺占 6.8%，厂房、设备等经营性资产占 6.1%。由于公募 REITs 基金每年有至少 4% 收益率，一般情况下不亚于商铺和厂房等一般性经营性资产，投资者也和投资实体不动产一样可以享受到资产增值（经营权 REITs 除外）。所以可以投资公募 REITs 基金作为商铺和厂房、设备等经营性资产的替代品，二者占总资产的 12.9%。

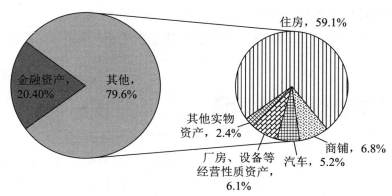

图 6-1 我国城镇居民资产构成（非金融资产）

数据来源：《2019 年我国城镇居民家庭资产负债情况调查》。

2. 替代金融产品

在现有占总资产 20.4% 的金融资产（见图 6-2）中，假设风险偏好 C3 级别（适合 REITs 的最低风险等级）的投资者将金融资产的 25% 替换成公募 REITs 基金份额，也就是总资产的 5.1% 拿来买公募 REITs 基金。这个假设并不夸张，因为现金及活期存款（占比 3.4%），银行定期存款（占比 4.6%），银行理财、资管产品、信托（占比 5.4%）占比之和已经达到 13.4%，拿出这里的不到一半的资金买入中等风险的公募 REITs 基金份额，以获得更高的回报率，这个假设是合理、可实现的。当然，风险偏好更高的投资者，比如 C4 或者 C5 级别的投资者，可以将更多的金融资产用公募 REITs 基金来替换，以取得更好的回报率。

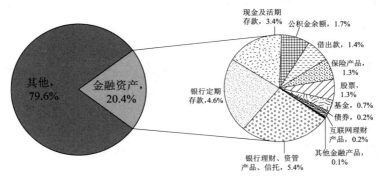

图 6-2　我国城镇居民资产构成（金融资产）

数据来源：《2019 年我国城镇居民家庭资产负债情况调查》。

综上所述，从替代现有投资的非金融资产和金融资产的角度，C3 风险等级的投资者可以考虑将部分资产用公募 REITs 基金来替换现有的商铺、厂房、银行理财、定期存款等资产，各位可以以 18% 作为参考，根据自身情况调整投资公募 REITs 基金的份额；风险偏好更高的投资者,可以考虑用公募 REITs 基金份额替换更多的现有资产,比如部分替代占比最高(59.1%)的住宅,尤其是非人口净流入城市、非核心地段、非优质环境配套的"三非"住宅。

当然,有一些读者说,目前自身还处于财富积累阶段,还没有那么多的资产,那么买多少公募 REITs 基金合适呢?如果本身还没有积累比较多的资产,那么综合考虑了日常的生活费用、教育费用、医疗备用金等费用之后,定期拿一笔钱出来投资公募 REITs 基金是不错的方式,比如说每个月发了工资就固定拿出一定比例来买公募 REITs 基金。具体的操作细节大家可以参考我的前同事徐清安(笔名:安仔滚雪球)撰写的《指数基金定投指南》,虽然讲的是怎么买指数基金,标的不完全相同,但是定期投资(定投)基金的思路和方法论是共通的。

第三节 买了以后持有多久

这个问题很简单,却也十分重要。答案简单:买了以后,不到万不得已不要卖,这是最好的选择。我们从两个不同的角度来解释这个重要的简单问题。

1. 买公募 REITs 基金就是买中国国运,长期持有是最佳选择

投资界有句名言:"做投资就是赌国运。"这句话放在 REITs 投资上也同样适用。仍然以 REITs 发源地美国为例,美国

REITs 的底层资产（或者叫投资标的）包括 13 种不同的资产类型（见表 1-1），能够广泛、全面地反映美国经济各个方面的情况。在数据层面，美国 REITs 的回报率与美国 GDP 增长率的走势长期、高度相似（见图 6-3）。二者走势高度同步背后的原因在于，只有在国民经济整体持续健康发展的情况下，钱包鼓起来的广大民众才有追求更加美好生活的意愿，比如改善居住条件（住宅）、更多的旅游出行（高速公路、酒店行业）、更多的社交与消费（商业）、更多的办公空间等，从而带动地产行业蓬勃发展。

所以，坚信我们国家国运昌盛，在党的领导下能够实现民族伟大复兴，即使前行的道路可能崎岖不平，中间有所波动，但是砥砺前行的我们最终能够达到胜利的彼岸，公募 REITs 基金的价值将随着国家经济的发展而增值，所以买入并长期持有公募 REITs 基金份额是最好的选择。

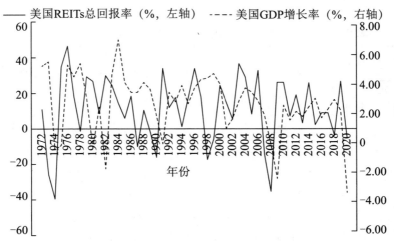

图 6-3　美国 REITs 总体回报率和美国 GDP 增长率
数据来源：NAREIT、Wind。

2. 美国 REITs 回报率是"长跑冠军"

表 6-3 是美国 REITs 以及其他股票指数在不同持有期限的收益率的比较。表格第二行是持有表格第一行的资产,持有期限是从 2021 年初开始到 2021 年 7 月底。可以看到,资产型 REITs(在所有 REITs 中刨除抵押型 REITs)的投资回报率高达 26.65%,在所有资产中回报率是最高的。表格的第三行是持有期限为 1 年时,REITs 和其他股票指数的投资回报。最后一行是自 1972 年有 REITs 指数以来,REITs 以及股票指数的每年投资回报率。

关于表格第一行中除了 REITs 之外的几个指数及其对标的国内指数,请大家参考表 6-4 的内容,在此不做深入讨论与研究,大家了解一下这些就是美国比较有代表性的股票指数就可以了。

表 6-3 美国 REITs 投资收益率与其他主要股票指数的比较(%)

持有期限	所有 REITs	资产型 REITs	标普 500 指数	罗素 2000 指数	纳斯达克综合指数	道琼斯工业指数
2021 年初到 7 月底	26.05	26.65	17.99	13.29	14.26	15.31
1 年	34.55	33.5	36.45	51.97	37.53	34.79
3 年	12.67	13.34	18.16	11.49	25.31	13.72
5 年	8.07	8.2	17.35	14.28	24.49	16.3
10 年	10.56	10.64	15.35	12.34	19.53	13.88
15 年	7.4	7.74	10.86	9.49	13.87	10.64
20 年	10.43	10.83	8.79	9.36	10.40	8.8
25 年	10.26	10.75	10.06	9.57	11.00	7.65

续表

持有期限	所有REITs	资产型REITs	标普500指数	罗素2000指数	纳斯达克综合指数	道琼斯工业指数
30年	10.66	11.21	10.65	10.39	11.91	8.5
35年	9.28	10.36	11.16	9.83	11.08	8.89
40年	10.32	11.65	11.98	10.42	11.18	9.42
1972—2021年	9.82	11.84	11.06	—	8.91	7.68

数据来源：NAREIT，数据截止到2021年7月底。

表6-4 美国主要股票指数及其对标的国内指数

指数名称	指数成份公司特点及对标的国内指数
标普500指数	美国市场龙头公司指数，类似国内沪深300
罗素2000指数	美国中小盘股公司指数，类似国内中小板指数
纳斯达克综合指数	美国新技术公司为主的市场指数，类似国内科创板指数
道琼斯工业平均指数	美国蓝筹股指数，类似国内上证50指数；与标普500指数相比，道琼斯工业平均指数成分股更少，只有30家，指数成份公司现在与工业基本上无关

从表6-3中我们能够得出哪些关于持有期限相关的结论呢？由于美国市场资产型REITs占市场绝对主流，下面的结论也以资产型REITs为主：

（1）资产型REITs收益率夺冠的三个持有期限分别是：2021年初到7月底（持有7个月）、持有20年、从1972年持有到2021年（约50年）。资产型REITs在持有期极短（7个月）、中等（20年）和较长（50年）都有收益率夺冠的时候。

（2）2021年初到7月底，美国REITs投资回报率独占鳌头。2021年的前7个月，所有REITs投资回报率是26.05%，资产型

REITs（所有 REITs 中刨除抵押型 REITs）收益率更高，26.65%。资产型 REITs 的收益率比美国版沪深 300（标普 500）收益率高出 48%，是美国版中小板指数（罗素 2000）收益率的 2 倍多一点（201%），比纳斯达克综合指数收益率高 87%，比道琼斯工业指数收益率高 74%。简单来说，2021 年前 7 个月，美国 REITs 投资回报率是远超其他股票指数的，短期持有的回报率是很高的。

（3）当持有期小于 20 年时，资产型 REITs 的收益率波动很大，2021 年前 7 个月的收益率高达 26.65%；持有 1 年由于碰到新冠肺炎疫情后的强劲反弹，收益率高达 33.5%；当持有期拉长到 3 年，每年的收益率只剩下一年期的 1/3 强，13.34%；当我们进一步拉长持有期限到 5 年，每年的收益率进一步下降到 8.2%；当持有期为 10 年，收益率反弹到 10.64%；持有期 15 年时，收益率又跌到 7.74%。从最低 7.74% 到最高 33.5%，短期（持有期小于 20 年）持有 REITs 的年化收益率相差高达 4 倍，买入和卖出的时机选择重要性不言而喻。

（4）当持有期大于或等于 20 年时，资产型 REITs 的收益率趋于稳定。当长期持有（持有时间大于或等于 20 年）REITs 的时候，年化收益率稳定在 10% 以上，在年化 11% 上下波动，最高的达到 11.84%（50 年），低的也有 10.36%（35 年），买入和卖出的时机选择重要性大幅降低。

总而言之，从美国的经验来看，长期持有（期限 20 年及以上）REITs，收益率比较稳定，也就是说，只要买了以后持有的时间够长，其实买卖点的选择（择时）并不是那么重要，对收益率的影响并不大；中短期持有 REITs，收益率变化较大，择时的重要性比较高。

第四节 什么时候是买/卖的最佳时机

买入 REITs 最好的时机是 10 年前，或者是现在。作为一个非专业投资选手，试图寻找最佳的买点是一个几乎不可能完成的任务，认为价格到了最低价、地板价的时候，往往还有地板之下的"地窖价"，甚至更低的"地狱价"。"种一棵树最好的时机是 10 年前，其次是现在。"REITs 就是这棵稳定分红、不断增值的树。

至于卖出 REITs 最好的时机：不存在卖出最好的时机。拿美国来说，随着美国经济的稳步增长，REITs 指数稳步上升，从 1972 年到 2020 年的投资收益超过 80 倍，途中任何一次的卖出，都是从美国这辆稳步前行的大车里下车，并且造成投资收益率 80 倍回报的差距。当然，如果出现底层资产情况恶化，或者是基金管理人不好好为投资者服务的情况，那么任何时候都是卖出的最佳时机。目前来看，我国对公募 REITs 基金底层资产以及基金管理人的要求较高，出现这种极端情况的可能性极小。所以在我国，仍然建议买入后就不要轻易卖出公募 REITs 基金份额。

1. 买入 REITs 最好的时机是十年前，或者是现在

由于一般的非专业投资者无法预测 REITs 短期的价格走势、价格变动的方向，所以不建议在 REITs 价格下跌，也就是投资回报率为负数的时候卖出 REITs，因为就算是专业的投资者也无法准确预测短期的价格走势。

我们选取几次 REITs 指数大幅下跌的情况,来解释预测价格走势并寻找所谓的最佳买卖点有多难。既然是要选择最佳的买卖时间点和价格,那么我们观察数据时需要把镜头推近一点,观察更细致的月度数据,而不像之前了解大的趋势那样只需要观察年度数据即可。

那么,在极端情况(比如金融危机或者是新冠肺炎疫情)发生后多久(具体到几个月)买入才是最好的买入时机(开始趋势性反转)?我们先来看看 20 世纪 70 年代第一次石油危机、2008 年金融危机、2020 年新冠肺炎疫情时期,美国 REITs 指数的情况:

(1)第一次石油危机(见图 6-4)。1973 年 1 月 REITs 指数达到高点 111.57 点,接着就开始下跌,中间经历了三次短暂的反弹,分别是 1973 年 9—10 月、1974 年 1—3 月以及 1974 年 9—10 月,但随后迎接投资者的是更加猛烈而血腥的下跌,最终历时 24 个月,到 1974 年 12 月的 46.75 点,下跌近六成(58%)之后,才出现趋势性反转。

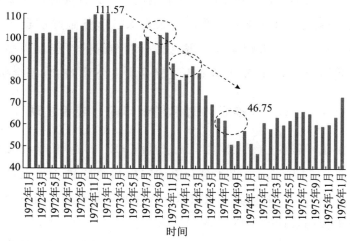

图 6-4　第一次石油危机前后(1972 年 1 月—1976 年 1 月)美国 REITs 指数

（2）2008年金融危机（见图6-5）。2017年1月REITs指数达到高点4455点，接着指数开始下跌，期间经历了四次反弹：2007年8—10月、2008年3—5月、2008年7—9月和2008年12月，历时26个月，到2009年2月1430.65点，下跌超过2/3（68%）之后，才开始了真正的反转，缓慢稳步回升。

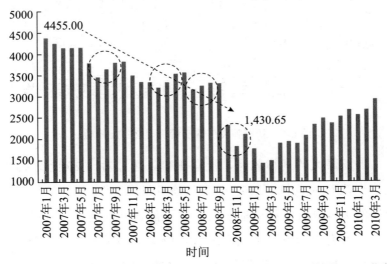

图6-5　2008年金融危机前后（2007年1月—2010年3月）美国REITs指数

（3）2020年新冠肺炎疫情（见图6-6）。经历了平平无奇、稳定上涨的2019年，2020年1月REITs指数达到8899.33的高点，然而突如其来的疫情使得2020年2月的指数下跌了7%，3月又继续下跌19%。然而出乎意料的是，市场很快从恐慌中恢复过来，2020年4月指数止跌回升，在2021年3月超过2020年1月的高点，并在2021年7月创出历史高点。

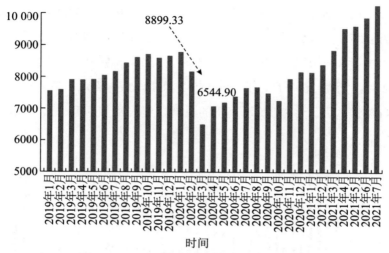

图 6-6 新冠肺炎疫情前后美国 REITs 指数

市场最大的规律就是，没有规律。通过对比 20 世纪 70 年代第一次石油危机、2008 年金融危机以及 2020 年新冠肺炎疫情期间美国 REITs 指数的表现，并不能找到任何确定性抄底的机会，因为它们不仅下跌到最低点所花费的时间不同（分别为 24、26、2 个月），跌到最低限的跌幅（58%、68%、26%）差别也很大。我们把跌到底之前的指数短暂上涨称为"反弹"（后面时间还会跌）以及跌到最低之后趋势性上涨叫作"反转"（后面时间基本一直涨）。在第一次石油危机和 2008 年金融危机期间，从高点跌到底部的 24、26 个月时间里，分别有 3、4 次反弹，一旦任何投资者把这 7 个反弹中的任何一个误认为是反转，那么他们都需要面临可观的投资损失——消化这些投资损失唯一的办法就是拿住这些 REITs，享受稳定分红的同时，耐心等待价格的回暖。与其这样提心吊胆，试图完成"在最佳的买点买入"这个几乎不可能完成的任务,为什么不简单一点,直接在有闲钱的时候或者每个月发工资的时候在固定时间以固定金额投资REITs,用这种方式平滑投资成本,享受长期持有的稳定分红和资产增值呢?

2. 卖出的最佳实践:不卖

缓慢且稳定地到达富裕的彼岸。图 6-7 是自 1972 年面世到 2020 年美国 REITs 指数的走势。1972 年的 REITs 指数是 100,2020 年底的指数是 8261.85,这意味着假如投资者在 1972 年投资 1 万美元的 REITs,并且把之后所获得的红利再投资 REITs,到 2020 年(49 年以后),也就是退休后能拿到 82.6 万美元,总的收益高达 81.6 倍(81.6=(8261.85-100)/100)。拥有 80 倍回报的秘密简单得不像是个秘密:拿闲钱投资 REITs,放它个 50 年!

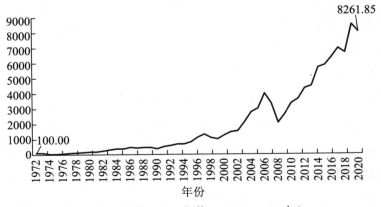

图 6-7 美国 REITs 指数(1972—2020 年)

这张图也告诉我们一个道理：如果方向是对的（投资REITs），就算这其中前进的道路有些崎岖（投资回报在各种危机的时候都会有一定的回撤和下降），只要我们"咬定青山不松口"（认定REITs的长期投资价值，并稳稳拿在手里，不要卖掉），一定能到达富裕的彼岸（超过80倍的收益），最终拥有"诗与远方"。

第五节 高净值客户投资前考虑的要素

到目前为止，已经为大家阐述并解释了下单买公募REITs基金之前需要考虑的一系列问题：公募REITs基金是否适合投资者？如果合适的话，买多少比较好？买了以后持有多久合适？什么时候是最合适的买卖时机？等等。虽然这些问题单独看起来似乎比较零散，其实把它们串起来，就是投资者决策过程中需要经历的主要决策节点。把这些主要节点需要考虑的因素拢到一起，就可以用于公募REITs基金相关投资决策，而且这个决策的框架还是私人银行家们为他们的高净值客户量身定制的投资及资产配置的方案。

全球最顶尖的私人银行都有一套为客户量身定制投资及资产配置的方案（Investment Policy Statement，IPS）。IPS的制定需要根据每个客户的情况量身定制。不同的客户需求各异，但IPS为客户量身定制的方法论是相同的。为客户量身定制投资方案时，主要考虑七大要素，包括：

（1）风险偏好：投资者的风险偏好，主要考虑实际风险承受能力。

（2）投资收益预期：投资者希望能从投资中获取的收益。

（3）投资期限：投资以后，拿住多久时间。

（4）流动性需求：是否有流动性即现金花费的需求，比如日常生活消费、买房、教育等。

（5）税务需求：是否会因为某个产品而导致税率提高，如何合理避税等。

（6）合法性问题：投资是否合法，被监管机构许可。

（7）其他特殊的情况：特殊的、突发性的情况，比如突然间继承一大笔遗产。

所以各位读者在做好公募 REITs 基金的相关投资决策之余，还可以套用本章的思路，也就是全球顶尖私人银行投资及资产配置七要点的框架，优化家庭投资和资产配置的决策。

第七章
REITs 的配置价值

2021年我国首批公募REITs基金得到了各大投资机构的热烈追捧,平均认购数量是发行数量的7.88倍(平均有效认购倍数),招商蛇口产业园的平均认购倍数最高,达到了15.31倍。作为"聪明钱"的专业投资机构,热烈追捧公募REITs基金的原因,除了公募REITs基金本身的风险收益比较理想之外,还有一个重要的原因是公募REITs基金能够优化现有投资组合。那么,什么叫作"优化现有投资组合"呢?其实就是REITs的配置价值。

第一节 营养最丰富、搭配最均衡的投资大餐

所谓的"投资组合",简单点说,就是投资者同时持有不同的资产,并且希望通过搭配不同的资产达到最优的组合。通过增加某一类资产,比如公募REITs基金,能够使投资组合更加优化,我们就说这一类资产能够优化现有投资组合。具体的"优化"的定义较为艰深,相关理论的开拓者甚至因为这套理论获得了1990年诺贝尔经济学奖。这里我们暂时不讨论这个诺贝尔经济学奖难度级别的理论,而是用一个浅显的例子为读者讲述这个重要的话题——有效的优化投资组合。这就好比进食的时候需要摄入不同的营养成分,以期达到营养丰富且均衡、容易吸收的效果。

1. 牛排+胡萝卜：营养丰富、均衡的大餐

我最亲爱的母亲，郑女士，最拿手的菜是煎进口牛排。本着勤俭持家的原则，煎完牛排的油必定是要用来炒菜的，而且炒的一定是胡萝卜。油炒的胡萝卜营养价值更高——胡萝卜素相对更容易溶于油脂。这里，不能片面地说是牛排成就了胡萝卜——毕竟拥有胡萝卜素的是三块钱一斤的胡萝卜；也不能说是胡萝卜成就了牛排——毕竟优质蛋白质还是来自三百块钱一斤的牛排。单独一份牛排（哪怕是进口牛排）或者是单独一份炒萝卜，其营养价值远远不如"牛排+胡萝卜"组合。

"牛排+胡萝卜"组合，造就了一顿营养最丰富、最均衡的大餐。REITs与其他投资品种的组合，也是如此。只有把REITs和其他投资品种搭配在一起，才是最优化的组合，对投资者来说，才是"营养最丰富、最均衡的大餐"。

2. REITs+股票+债券：营养最丰富、搭配最均衡的投资大餐

回到投资实践。大部分机构往往同时持有多种类型的资产，如何搭配不同的资产，才能达到最佳的搭配效果，吃到"营养最丰富、搭配最均衡的投资大餐"呢？世界保险巨头富达保险（Fidelity）专门对这个问题进行了深入的研究。该研究的内容对一般的读者来说复杂甚至艰深，但是对于有一定基础的读者来说却可能十分有趣，为兼顾不同读者的兴趣所在，本节只简单介绍结论，下一节为有基础的读者详细展开介绍其研究推理

的过程。

富达保险的研究结论是：适当投资REITs，能够明显优化投资组合。这里的投资组合是广大投资者最常见的构成：股票+债券。REITs优化投资组合的研究结论是：

（1）在投资组合中，投资REITs能够明显优化投资组合。具体体现在两个方面：第一，同样的风险水平，有REITs则收益更高；第二，同样的收益水平，有REITs则风险更小。也就是在投资组合中，"REITs+股票+债券"的组合是营养最丰富、搭配最均衡的投资大餐。

（2）在投资组合中，并非REITs买得越多越好。在投资组合中加入适当比例的REITs时（约占总投资额的20%），优化投资组合的效果最佳，比不持有REITs的组合投资性价比高出70%。当继续提高REITs的占比到投资总额的1/3时，虽然将进一步提高投资组合的收益水平，但风险水平也随之提高，总的算下来并不一定划算。所以REITs虽好，也不能"贪杯"，最好不要过量。

上面的结论有些抽象，咱们继续用"牛排+胡萝卜"这个例子来做类比解释，牛排就是"债券+股票"组合，胡萝卜就是REITs。以上两个结论的表述可以转化为：

（1）在食物重量固定的情况下，"牛排+胡萝卜"组合的营养是最有营养、搭配最均衡，因而最容易吸收的食物组合；在营养成分固定的情况下，"牛排+胡萝卜"组合的食物重量是最轻的，是吃起来吸收最有效率的组合。

（2）在"牛排+胡萝卜"组合中，不是胡萝卜吃得越多越好，实践证明，胡萝卜占到总体比例的20%左右的组合是最优组合。

各位读者可以以20%作为投资REITs的一个参考比例，并且根据自身情况进行调整，具体可以在本书的第六章五节"高净值客户投资前考虑的要素"进一步了解世界顶级私人银行为客户定制投资计划的方法论。

第二节 REITs优化投资组合的实证研究

世界最大的保险公司之一富达保险也想知道如何为投资者搭配"营养最丰富、最均衡的大餐"，于是他们用历史数据做了个研究。富达搭建了五个模拟的投资组合，每个投资组合都包含股票（以标普500为代表）和债券（以巴克莱美国集合债为代表），只是其中REITs的占比各不相同。富达测试了1994年7月—2013年6月20年间的数据。研究数据表明：

（1）如果在投资组合中加入适量的美国上市资产型REITs（约占投资组合20%的权重，见表7-1，投资组合2），与完全不持有REITs（见表7-1，投资组合4）相比，其夏普指数从0.27跳涨到0.46，增长了70%——从不持有REITs到持有REITs，优化资产组合的效果十分显著。

（2）适当持有REITs的优化效果最好，持有太多则优化资产组合效果不再明显。当REITs的占比从10%（见表7-1，投资组合1）提升到20%（见表7-1，投资组合2），夏普指数从0.34上升到0.46，提升35%，而当进一步将REITs在组合中的占比提升到 33.3%，夏普指数仅提高到 0.49，优化投资组合的效果并不显著。

在这里，有必要带着读者简单复习一下夏普指数或者叫作"夏普比率"的含义。夏普指数衡量的是一项投资的风险/收益，也就是风险收益比，这个比率的数值越高，说明该项投资的风险收益比越高，越值得投资。

表 7-1　REITs 在投资组合中的占比与夏普指数

投资组合	配置	夏普指数	投资组合	配置	夏普指数
1	55% 标普 500 35% 巴克莱美国集合债 10% 富时美国资产 REITs	0.34	4	60% 标普 500 40% 巴克莱美国集合债 0%REITs	0.27
2	40% 标普 500 40% 巴克莱美国集合债 20% 富时美国资产 REITs	0.46	5	80% 标普 500 20% 巴克莱美国集合债 0%REITs	0.17
3	33.3% 标普 500 33.3% 巴克莱美国集合债 33.3% 富时美国资产 REITs	0.49			

数据来源：富达投资。

我们把夏普指数（风险/收益比）拆解成风险和收益（年化回报率），这样可以更直观地理解 REITs 的配置价值。在图 7-1 中可见：

（1）随着 REITs 比例从投资组合 1 的 10% 上升到投资组合 2 的 20%，风险减小——图中横轴代表风险，越靠左边风险越小，同时回报率提高——图中纵轴代表年化回报率，越靠上方回报率越高。

（2）同样，随着REITs比例从投资组合2的20%上升到投资组合3的33%，风险提高。

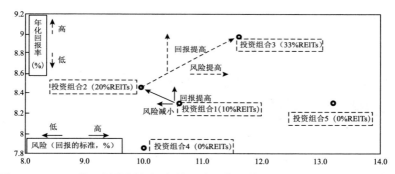

图7-1 REITs的配置比例与组合的风险、收益情况01（1994年7月—2013年6月）

数据来源：富达投资，数据截至2013年6月。

（3）在图7-2中可见，从投资组合4到投资组合2——标普500的比重下降20%，REITs比重上升20%，在同等风险的情况下（横坐标数值相同，实际上风险还略有减小），期望回报率得到了明显的提升（纵坐标数值增加），投资组合优化的效果十分显著，体现在夏普指数也从0.27跳涨到0.46（见表7-1）。从投资组合5到投资组合1——通过降低标普500的比重，提升REITs和巴克莱美国集合债的比重，实现了同等回报（纵坐标数值相同），风险下降（横坐标数值下降），投资组合优化的效果同样显著。

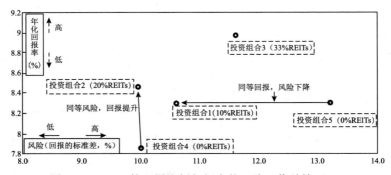

图 7-2　REITs 的配置比例与组合的风险、收益情况 02

数据来源：富达投资，数据截至 2013 年 6 月。

第八章
REITs 未来展望

REITs 在全球发展了大半个世纪，形成了美国、日本、新加坡等主要国家资本市场不可或缺的一个板块，这些国家在发展 REITs 过程中的促进 REITs 发展的政策以及模式的变化值得我们借鉴。

对于我国 REITs 发展的展望关键词是："老龄化""底层资产扩容""税收优惠"以及"投资回报率上升"。

老龄化时代的到来是对 REITs 最大的利好，REITs 稳定的现金流回报与老年人对投资回报现金流的属性十分契合，老龄化的到来伴随着老人们更加富裕的经济生活水平，为公募 REITs 基金扩大了潜在投资者的基数，使得公募 REITs 基金拥有更大、更好的群众基础。

底层资产的扩容势在必行。底层资产，也就是 REITs 的投资标的。世界主流 REITs 市场，比如美国和新加坡，都囊括了本土主要的资产类型。在我们国家，基础设施未来大概率不会作为 REITs 仅有的可投资的底层资产，这对其他需要大量资金支持的行业并不公平——当然前提是试点得到监管机构想要的稳定运营的结果。

底层资产的扩容，需要通过税收优惠来调动资产所有者的积极性，将其拥有的资产装入 REITs 之中，也需要税收优惠来吸引更多的投资者投资并长期持有 REITs。

扩大 REITs 市场，不仅需要政府提供更多针对 REITs 运营及投资者的税收优惠，还需要 REITs 相关方面努力提高资产的收益水平，至少达到目前要求的每年分红 4% 的监管要求。

第一节 全球 REITs 发展的经验

REITs 在全球包括美国、新加坡、日本等国的经验表明，投资实践不断推动着相关法律法规的进展，而相关法律法规也不断指引着 REITs 投资实践的发展，二者相辅相成，绝非一日之功。促进 REITs 发展的法律条款主要包括税收优惠、管理模式的转变、允许适度杠杆、鼓励扩募及并购活动。

首先是税收优惠。在 REITs 诞生之地美国，REITs 的起点被公认为在 1960 年，因为这一年美国通过了 REITs 相关的税收法案，确认了 REITs 的税收中性待遇，也就是 REITs 要给投资者分红的利润，免征 REITs 公司层面的所得税。税收优惠对于 REITs 的发展意义重大，各国基本上也都采纳了 REITs 税收中性的原则，而仅仅在投资者层面要求缴纳所得税，避免了在 REITs 和投资者层面两次征税，提高了投资者回报，也提高了 REITs 对投资者的吸引力。

其次是管理模式的转变。在 REITs 诞生之初，美国不允许 REITs 发起人自己的团队管理物业，要求由外部的团队来管理物业，以保证管理团队的独立性。然而这样一来，独立性是得到了保证，利益不一致带来了更大的问题：反正物业不是自己的，管理人作为理性且自私的个体，赚取的是物业管理费，而管理费往往是根据管理的物业规模来确定，规模越大则管理费越多。因此外部的管理团队不管新购入物业是否能够给股东带来更大的收益，反正是能给管理团队自己带来更多的收入。于是疯狂加杠杆（大量借钱）扩大规模，从 REITs 业主那里赚取更多的管理费,成了20世纪60年代的主旋律之一。直到1986年,美国才允许发起人的内部管理团队管理物业,因此越来越多的REITs雇用内部管理团队管理物业。事实证明,这种制度安排在大部分情况下还是能够给投资者带来更好的回报,即使雇用内部团队管理物业也不是一个完美的解决方案。

再次,允许适度杠杆。适度的杠杆,也就是借贷能够为投资者带来更高的回报。过度使用杠杆,大量借钱,无论是我国的房地产直接开发经营还是美国的REITs,都已经被证明是风险极大的经营行为,并不稳健。然而,也不应该陷入另一个极端——限制REITs所有的借贷行为。美国在吃了REITs高杠杆的亏以后,要求REITs的杠杆率在40%以下,新加坡的要求则是45%,而实际上大部分的REITs表现的还是比较理性与克制,大部分情况下杠杆率都距离法定的杠杆率上线有一定的距离,充分利用借贷成本低于股权融资的特点的同时,为自己进一步借贷留下了空间,实现了良性发展。

最后,鼓励扩募及并购活动。REITs在国外是一门极度考验物业运营能力功底的生意。购入运营状况中等或者较差的物业,通过自身运营能力提升物业的回报率,并在回报率提升后以更高的价格售出,是其中一种典型的投资逻辑。新加坡凯德集团旗下凯德商用就很擅长执行这种投资逻辑。鼓励扩大募资,支持并购(及随后的出售),能够引导更多运营能力强的团队参与到REITs的运营当中。另外,新加坡由于国土面积较小,在打造国际化REITs、支持REITs收购海外资产方面为我们做出了有益的探索。

第二节 我国 REITs 未来展望

1. 老龄化时代的到来是 REITs 最大的利好

（1）加速老龄化的社会

2020 年全国人口第七次普查数据表明（见图 8-1），从绝对数量来看，我国 60 岁及以上人口有 2.6 亿人，其中 65 岁及以上人口 1.9 亿人，二者分别占到我国总人口的 18.7% 和 13.5%。一般来说，一个国家 60 岁以上人口占总人口 10% 就被认为进入老龄化社会。按照这个标准，我国已经进入中度老龄化社会。与此同时，从 2000 年开始到 2020 年的 20 年间，我国 60 岁以上人口占比呈现加速增长的态势，这也意味着我们国家老龄化处于加速前进的状态。根据

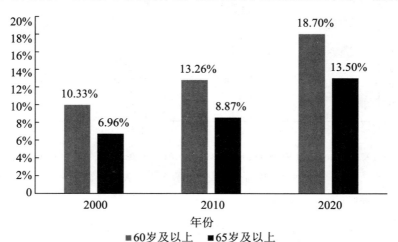

图 8-1 我国 60 岁及以上和 65 岁及以上人口占总人口比例
数据来源：国家统计局。

知名咨询机构普华永道的预测，2030年我国60岁以上人口将达到3.7亿人，占总人口25.5%，2050年我国60岁以上人口将达到4.8亿人，占总人口34.1%。

（2）更加富裕的老年人

普华永道预测，到2020年我国老年人总人口达到1.62亿人（见图8-2，实际上2020年我国60岁以上老人达到2.6亿人，老龄化超过预期），其中约七成（69%）的老人收入属于中等水平，家庭月收入在4000～10 000元。同时，88%的老年人有养老保险，而在城镇地区有养老保险的比例更高达92%。

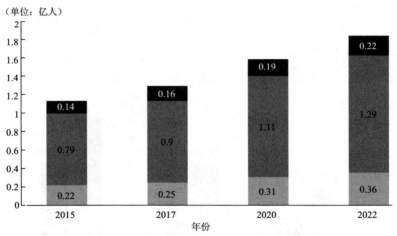

图8-2　我国老年人不同收入水平人群测算

数据来源：普华永道。

（3）巨大的老年人投资需求

随着我国加速进入老龄化社会，老年人人数迅速增长，伴随着老年人的经济水平的提升，老年人的投资需求已经形成巨大的市场，将会极大地带动公募REITs基金市场发展。大部分老年人的风险偏好较低，投资的需求主要是满足日常生活开支，收益的稳定性是老年人群体最为看重的特征。能够每年稳定分红的公募REITs基金在收益稳定这一点上十分契合老年人投资的需求。作为一种"中风险、中回报"的投资品种，无论是老年人直接购买或者通过专业的投资机构购买，都是很好的养老收入的来源。国外的实践也表明，保险公司和养老基金是重要的投资者，在2021年首批发售的公募REITs基金认购中，保险相关机构占到了相当大的比重，比如中金普洛斯的认购（见表8-1）中，泰康人寿的认购比例高达20%，与项目发起人的比例相当，如果加上另外两家保险机构，大家投控和中保基金，三家保险相关机构认购的额度则超过30%。

表8-1　中金普洛斯机构认购比例

序号	名　称	承诺认购份额占基金份额发售总量的比例
1	GLP Capital Investment 4（HK）Limited（GLP投资）	20.00%
2	泰康人寿保险有限责任公司（泰康人寿）	20.00%
3	大家投资控股有限责任公司（大家投控）	8.39%
4	中国保险投资基金（有限合伙）（中保基金）	1.78%
5	建信信托-凤鸣（鑫益）1号集合资金信托计划（建信信托-凤鸣）	3.50%
6	中国中金财富证券有限公司（中金财富证券）	8.33%
7	北京首源投资有限公司（首源投资）	10.00%

数据来源：中金普洛斯。

2. 底层资产的扩充是大势所趋

世界主要REITs市场都拥有丰富多样的底层资产。所谓"底层资产",就是REITs的投资标的。美国REITs足足有13种底层资产可以投资(见图1-1),目前我国试点的基础设施只是其中占市值16%的一种。这13种底层资产还仅仅只是大的分类,细分的类型更多,基本上涵盖了美国经济的各个方面。亚洲(除日本外)最大的REITs市场新加坡(图8-3),REITs的底层资产也涵盖了办公、零售、商场、住宅、健康护理等。

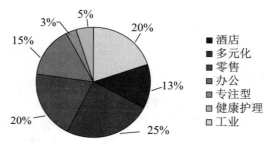

图8-3　新加坡不同类型REITs数量占比

数据来源:新加坡交易所。

我国公募REITs基金的底层资产扩充也是题中应有之义。2021年7月,国家发改委发布2021年"958号文",明确公募REITs基金项目扩容事宜。除了地域上的扩大之外,也扩大了底层资产的范围:在基础设施之外,明确保障性租赁住房作为试点的行业之一,但同时要求保障性租赁住房所在地必须是直辖市或者是人口净流入的大城市;同时探索水利设施和旅游基础设施的试点。随着公募REITs基金试点行业成功平稳运行,充分运用REITs这个融资工具,支持更多行业健康发展,必定会带动 REITs 行业进一步蓬勃发展。

3. 更多针对 REITs 的税收优惠

2022 年 1 月 26 日，财政部、国税总局正式发布关于基础设施领域不动产投资信托基金（REITs）试点税收政策的公告（公告 2012 年第 3 号）。该公告主要针对项目设立环节，也就是原始权益人将资产装入 REITs 时缴税的问题。意在通过推迟纳税时点、降低税务成本，提高资产原始权益人把资产装入 REITs 的积极性。

公募 REITs 基金相关的税收主要包含三个环节：设立环节、持有运营环节以及退出环节：

（1）设立环节，主要包括资产的卖方，也就是 REITs 发起人将持有的资产卖给 REITs 的股东这样一个环节，也可以叫作将资产装入 REITs 的环节。

（2）持有运营环节，主要包含两个方面：投资者持有 REITs 份额并享受分红及资产增值，REITs 运营者为投资者运营不动产并获得收益。

（3）退出环节，包括投资者卖出 REITs 份额以及 REITs 运营者出售部分不动产两种情况。

那么，税收环节是如何影响 REITs 相关参与方的利益，国外 REITs 主要市场所在国家是如何通过税收政策鼓励 REITs 发展的呢？

（1）设立环节

目前在我们国家要想把不动产装入公募 REITs 基金，由于涉及资产转让和股权转让，需要缴纳相应的税款（见表 8-2）。

如果没有相应的税收优惠，那么资产的所有者把资产卖给公募REITs基金的积极性将会受到影响，毕竟现有已经运营成熟的资产，再耗费额外的精力和缴纳交易资产相关的税费，是否值得？每个资产所有者都会仔细掂量其中的收益与成本（主要是税费）。

表8-2 公募REITs基金设立环节涉及的税收

流程	交易环节	被征收对象	应税行为	税种	计税依据	税率
设立环节	SPV公司收购资产	发起人（卖方）	资产转让	增值税	转让收入	11%或5%
				增值税附加	增值税	12%
				土地增值税	增值额	30%~60%
				印花税	合同金额	0.05%
				企业所得税	应纳税所得额	25%
		SPV公司（买方）	受让资产	契税	交易金额	3%~5%
				印花税	合同金额	0.05%
	REITs收购股权	发起人（卖方）	股权转让	企业所得税	应纳税所得额	25%
		REITs（买方）	受让股权	印花税	合同金额	0.05%

数据来源：北京大学光华管理学院。

REITs主要市场的税收优惠：新加坡对于其本土境内的资产装入到REITs，资产的卖方（也就是REITs发起人）免征所得税。

（2）持有运营环节

作为投资者，持有REITs最大的动力是享受分红以及资产增值。如果没有税收优惠，以目前我国公募REITs基金复杂的架构和层级来看，税收对于持有REITs份额的投资者回报率影响较大,主要是存在同一笔收入在 REITs 层面和在投资者层面重复收税的情况(见表 8-3),可能会使公募 REITs 基金相对于其他金融产品的吸引力下降,影响市场的发展壮大。

表 8-3 公募 REITs 基金持有运营环节涉及的税收

流程	交易环节	被征收对象	应税行为	税种	计税依据	税率
持有运营环节	物业营运	项目公司	物业出租	增值税	租金收入	11% 或 5%
			物业出租	增值税附加	增值税	12%
			物业出租	印花税	租金收入	0.10%
			持有物业	房产税	租金收入/物业值	12%/1.2%
			持有物业	土地使用税	面积	大城市 1.5 元~30 元
			物业出租	企业所得税	应纳税所得额	25%
	分红	机构投资者	分红	增值税、企业所得税	封闭式证券投资基金分红免增值税、所得税	
		个人投资者	分红	增值税、人所得税		

数据来源:北京大学光华管理学院。

作为运营者,运营 REITs 并且把收入分给投资者,并没有针对 REITs 的免税配套政策,因此运营压力较大。

REITs 主要市场的税收优惠:新加坡免除在 REITs 层面 10% 的公司税,企业所得部分减免。

(3)退出环节

个人投资者退出有一定的税收政策(见表 8-5)。REITs 运营方出售资产并未配套相应的税收优惠,而这类税收优惠是成熟的 REITs 市场非常常见的提高投资者回报的动作。举例来说,新加坡凯德集团旗下的凯德商用 REITs 每 5 年就会将其旗下的购物中心卖给母公司也就是凯德集团,进行修缮和升级,并且在修缮升级结束后重新把购物中心从母公司买回来,以提高商场的吸引力以及投资者的回报。

REITs 主要市场的税收优惠:新加坡免征资本利得税,个人投资者分红免税;美国对持有比例 5% 以下且持有时间超过 5 年的投资者免所得税。

表 8-4 公募 REITs 基金退出环节涉及的税收

流程	交易环节	被征收对象	应税行为	税种	计税依据	税率
退出环节	投资者在二级市场转让公募 REITs 基金份额	个人投资者	资本利得	个人投资者免征增值税、所得税,企业投资者需就价差缴纳所得税		
	REITs 处置资产或项目公司 SPV 股权	专项计划或项目公司	财产转移	类似于设立环节时的资产转让和股权转让行为		

数据来源:北京大学光华管理学院。

表 8-2、表 8-3、表 8-4 分别总结了设立、持有运营和退出环节涉及的税收。截至 2021 年底,我国尚未出台专门针对 REITs 投资相关的专门税收优惠政策,只是适用相关应税行为的法律法规。相信随着我国 REITs 市场的发展,相关的法律法规会更加完善,公募 REITs 基金投资者的回报也将随着税收优惠的出台而进一步得到提升。

4. 回报率的上升才是市场爆发的关键

租金资本化率是衡量不动产的回报率常用的指标。租金资本化率,是一个类似租售比的概念,租售比 = 年租金 / 售价,也就是出租不动产所获得的租金与出售不动产的售价的比例值。租金资本化率的计算公式跟租售比类似，租金资本化率＝年租金净值/售价，得到一个比率。租售比与租金资本化率的区别在于，租金资本化率的分子租金净值是租金扣除了日常运营费用之后的净收入。比如年租金资本化率为5%，就意味着年租金净值是不动产售价的5%，换句话说，购买不动产后需要20年才能全部收回购买的成本（20年＝1÷5%），所以租金资本化率有两种表达方式：比率（5%）或者年限（20年）。

那么，我们国家不动产的租金资本化率处于一个什么水平？

住宅

2021年上半年（见图8-4），四个一线城市住宅的租金资本化率平均值为1.63%（61.28年），二线热点城市的租金资本化率水平略高于一线城市，均值为1.89%（52.99年），二线非热点城市的数据为2.21%（45.17年），三线城市的数据为2.42%（41.36年）。

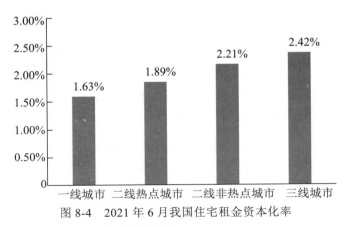

图8-4 2021年6月我国住宅租金资本化率

数据来源：国家金融与发展实验室。

商业及物流地产

非住宅领域主要包括甲级写字楼、优质零售物业以及高标仓储物流地产。截至 2021 年第二季度，我国四个一线城市非住宅领域的租金资本化率在 4% ~ 5.25% 之间（见图 8-5）。

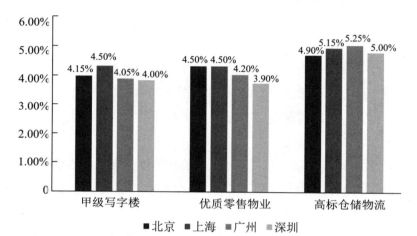

图 8-5 2021 年第二季度我国一线城市商业和物流地产租金资本化率

数据来源：CBRE。

总的来说，我国住宅的租金回报率在 2% 上下浮动（见图 8-5，1.63% ~ 2.42%），而非住宅的数据则高一些，在 4% ~ 5.25% 之间浮动。我们知道，监管机构对于公募 REITs 基金分红率或者叫股息率的最低要求是 4%，所以非住宅的不动产从回报率上看还是能达到这个要求的。反观与民生最息息相关的住宅领域，租金回报率在 2% 左右，远远低于 4% 的强制分红要求。如果要把租金收益率提高到至少 4%，无非两种选择，要么提高分子，也就是提高租金水平，要么降低分母，也就是住宅的取得成本。

以作者对房地产行业的了解，降低住宅的取得成本是比较可行的路径。因为目前的租金水平已经充分反映了市场的供需关系，想要进一步提高租金的难度较高。相比较而言，降低住宅的取得成本较为可行，比如通过国家发改委 2021 年 7 月发布的"958 号文"提到的保障性租赁住房，以政府可控的国企主体实际运营，可以有效防止前期租赁住房实践中部分民营企业运营时出现的为求规模不顾回报，最后损害多方利益的情况出现。国企以优惠的价格获得住宅或者是住宅的使用权，并以市场价或者略低于市场价对外出租，租金收益率提高到 4% 以上是很可能达成的目标。

当然，降低分母的方式还有一种，降低住宅价格。然而这也并不是一个容易达成的目标，因为这需要在分子不变的情况下，分母需要砍掉 50%，才能使租金回报率从 2% 翻倍达到 4%。换句话说，房价需要下降 50% 才能摸到公募 REITs 基金发行的门槛，降低房价牵扯的范围过于广泛，房价下降 50% 执行起来的难度较大。

总而言之，只有想方设法提高不动产的回报率水平，公募 REITs 基金对于投资者的吸引力才会更高，相应地也会有更多的资金被吸引到 REITs 市场中来；有了更多的投资者和资金，就会吸引更多的资产拥有者愿意成为 REITs 发起人，才会有更多的资产能够被装进公募 REITs 基金中，也才能在实现更高的资金周转效率的同时，进一步发展壮大我国公募 REITs 基金的市场规模。

附　录

基金投资者风险评测问卷

一、测评问卷（个人版）

1. 你的主要收入来源是（   ）

A. 工资、劳务报酬

B. 生产经营所得

C. 利息、股息、转让等金融性资产收入

D. 出租、出售房地产等非金融性资产收入

E. 无固定收入

2. 你的家庭可支配年收入为（折合人民币）（   ）

A. 50万元以下　　　　B. 50万～100万元

C. 100万～500万元　　D. 500万～1000万元

E. 1000万元以上

3. 在你每年的家庭可支配收入中，可用于金融投资（储蓄存款除外）的比例为（   ）

A. 小于10%　　　　　B. 10%～25%

C. 25%～50%　　　　D. 大于50%

4. 你是否有尚未清偿的数额较大的债务，如有，其性质是（   ）

A. 没有

B. 有，住房抵押贷款等长期定额债务

C. 有，信用卡欠款、消费信贷等短期信用债务

D. 有，亲戚朋友借款

5. 你的投资知识可描述为（   ）

A. 有限：基本没有金融产品方面的知识

B. 一般：对金融产品及其相关风险具有基本的知识和理解

C. 丰富：对金融产品及其相关风险具有丰富的知识和理解

6. 你的投资经验可描述为（   ）

A. 除银行储蓄外，基本没有其他投资经验

B. 购买过债券、保险等理财产品

C. 参与过股票、基金等产品的交易

D. 参与过权证、期货、期权等产品的交易

7. 你有多少年投资基金、股票、信托、私募证券或金融衍生产品等风险投资品的经验？（   ）

  A. 没有经验   B. 少于 2 年

  C. 2~5 年   D. 5~10 年

E. 10 年以上

8. 你计划的投资期限是多久？（   ）

  A. 1 年以下   B. 1~3 年

  C. 3~5 年   D. 5 年以上

9. 你打算重点投资哪些种类的投资品种？（   ）

A. 债券、货币市场基金、债券基金等固定收益类投资品种

B. 股票、混合型基金、股票型基金等权益类投资品种

C. 期货、期权等金融衍生品

D. 其他产品或者服务

10. 以下哪项描述最符合你的投资态度？（　　）

A. 厌恶风险，不希望本金损失，希望获得稳定回报

B. 保守投资，不希望本金损失，愿意承担一定幅度的收益波动

C. 寻求资金的较高收益和成长性，愿意为此承担有限本金损失

D. 希望赚取高回报，愿意为此承担较大本金损失

11. 假设有两种投资：投资 A 预期获得 10% 的收益，可能承担的损失非常小；投资 B 预期获得 30% 的收益，但可能承担较大亏损。你会怎么支配你的投资？（　　）

A. 全部投资于收益较小且风险较小的 A

B. 同时投资于 A 和 B，但大部分资金投资于收益较小且风险较小的 A

C. 同时投资于 A 和 B，但大部分资金投资于收益较大且风险较大的 B

D. 全部投资于收益较大且风险较大的 B

12. 你认为自己能承受的最大投资损失是多少？（　　）

A. 10% 以内　　　　　　B. 10%～30%

C. 30%～50%　　　　　D. 超过 50%

二、关于风险测评问卷的说明

1. 风险测评问卷中的问题可在你投资基金产品时协助你评估自身的风险承受能力。

2. 你所提供的信息应当真实、准确，否则可能会影响你的风险测评结果。

3. 风险测评结果有效期一年,请在结果失效前及时更新。

4. 当你的财务状况发生较大变化或发生可能影响你风险承受能力的其他情况时,请及时重新评估。

5. 当你重新进行了风险测评,请关注你的最新风险承受能力等级与你持仓基金风险等级是否匹配。若出现不匹配的情况,可以考虑将可赎回的持仓基金进行赎回。

6.《基金投资者风险测评问卷评分表》如下:

序号	1	2	3	4	5	6	7	8	9	10	11	12
A	10	2	0	8	2	1	0	1	1	1	2	1
B	8	4	3	6	4	3	2	2	3	3	4	3
C	4	6	6	4	6	6	4	4	6	5	6	6
D	4	8	8	2	8	8	6	8	8	8	8	8
E	0	10					10					

7.《基金投资者风险承受能力等级划分表》如下:

类型	C1	C2	C3	C4	C5
得分	0~20	21~40	41~60	61~80	81~100

表格说明:

(1) C1:保守型投资者。你希望在保证本金安全的基础上,以较低风险换取稳定的收益,本能地比较抗拒风险。

(2) C2:谨慎型投资者。在风险较小的情况下获得一定收益是你主要的投资目的,希望在保证本金安全的基础上,投资能获得一定的收益。

(3) C3:稳健型投资者。虽然渴望获得较高的投资收益,但通常只愿意承担一定的风险,在做投资决定时,会对将要面临的风险进行分析,选择收益与风险匹配偏向稳定的投资品种。

(4) C4:进取型投资者。在任何投资中,你渴望有较高的投资收益,可以承受一定的市场波动,但是希望自己的投资风险小于市场的整体风险。你有较高的收益目标,专注于投资的长期增值,且对风险有清醒的认识。

(5) C5:激进型投资者。在任何投资中,你通常专注于投资的长期增值,并愿意为此承受较大的风险。短期的投资波动并不会对你造成大的影响,追求超高的回报才是你关注的目标。

监管机构对公募 REITs 基金项目的要求

1. 国家发改委基础设施 REITs 项目申报要求

1. 地区和行业	(1) 全国范围内符合要求的都可申报，优先支持六大重点区域、八大行业，探索在水利设施、5A级旅游景区开展试点 (2) 六大重点区域：京津冀协同发展、长江经济带发展、粤港澳大湾区建设、长三角一体化发展、海南全面深化改革开放、黄河流域生态保护和高质量发展等国家重大战略区域 (3) 八大行业：交通、能源、市政、生态环保、仓储物流、园区、新基建、保障性租赁住房。另探索水利基础设施和旅游（5A级景区) 基础设施
2. 产权明晰	基础设施项目权属明细、资产范围明确，发起人依法拥有所有权、特许经营权或者经营权
3. 土地使用合规	(1) 非 PPP 项目，如果是划拨地，当地主管部门对 100% 股权转让并发行 REITs 无异议，如果是拍卖地，应说明土地出让的合规性 (2) PPP 项目：说明土地使用权的取得方式，土地使用权人与项目公司关系、使用土地的具体信息
4. 项目具有可转让性	(1) 发起人、项目公司股东一致同意转让 (2) 转让存在限定条件的，相关部门出函确保无异议 (3) PPP 项目相关主管机构、部门无异议
5. 项目成熟稳定	(1) 运营时间原则上不低于 3 年，已经能够实现长期稳定收益的可适当降低要求 (2) 现金流投资回报良好，近 3 年内总体保持盈利或者经营性净现金流为正 (3) 收益持续稳定且来源合理分散 (4) 预计未来 3 年净现金流分派率原则上不低于 4%
6. 资产规模符合要求	(1) 首发项目，不动产净值不低于 10 亿元 (2) 发起人扩募能力强，扩募规模原则上不低于首发资产规模的 2 倍

续表

7. 发起人等参与方无重大违法违规记录	发起人（原始权益人）、项目公司、基金管理人、资产支持证券管理人、基础设施运营管理机构近3年在投资建设、生产运营、金融监管、市场监管、税务等方面无重大违法违规记录。项目运营期间未出现安全、质量、环保等方面的重大问题或重大合同纠纷

数据来源：国家发改委，截至2021年7月。

2. 证监会公开募集基础设施证券投资基金指引

1. 基金的要求	
资金投向	80%以上基金资产投向基础设施资产支持证券（ABS），并持有其全部份额，基金通过持有ABS的方式持有基础设施项目公司全部股权
分配比例	不低于可供分配金额的90%
投资者数量	至少1000人
2. 基金托管人	
经验	成立满3年，资产管理经验丰富，内控制度完善
机构设置	独立的基础设施基金投资管理部门，配备至少3名5年以上经验人员
过往记录	财务及社会声誉良好，无重大不良记录
3. 项目要求	
发起人/原始权益人	（1）发起人享有完全所有权或经营权利，无重大纠纷 （2）发起人企业信用稳健、内控健全，近3年无重大违法违规行为
运营状况	原则上运营3年以上，已产生持续稳定现金流，具有持续经营能力
收入来源	主要靠市场化运营产生，不依赖第三方补贴等非经常性收益
4. 配售	
战略配售	（1）发起人或关联方战略配售不得低于本次发售数量20%，持有至少5年，超过20%部分至少上市后持有3年，持有期间不允许质押；价格通过双方协商确定 （2）发起人及其关联方以外的战略配售参与方；限售1年；价格通过双方协商确定

续表

网下投资者	扣除战略投资者配售后至少70%给网下投资者;询价确定最终价格
公众投资者	战略投资者和网下投资者认购后剩余的份额,接受询价价格

5. 对外借款限制

杠杆率	基金总资产不得超过基金净资产的140%,杠杆率不超过28.6%（40%/140%）
	用于项目收购的借款金额不得超过基金净资产的20%

6. 分红

数额	90%以上的年度可分配金额
频率	至少每年一次
股息率	不低于4%

数据来源：证监会。

3. 上海证券交易所和深圳证券交易所 REITs 审核要点

1. 业务参与机构	
发起人/原始权益人	享有基础设施项目完全所有权或者经营权利
	信用稳健,内部控制制度健全,具有持续经营能力
	最近3年不存在重大违法违规记录
外部管理机构	项目管理经验丰富,具有5年以上经验人员至少2名
	最近3年不存在重大违法违规记录
基金托管人	成立满3年,资产管理经验丰富,内控制度完善
	独立的基础设施基金投资管理部门,配备至少3名5年以上经验人员
	财务及社会声誉良好,无重大不良记录
	与基础设施资产支持证券托管人为同一人
资产支持证券管理人与基金管理人	二者可以是相同的机构,至少需存在实际控制关系或受同一控制人控制
	核查潜在利益冲突,并做好相应风险控制

续表

2. 项目	
合规性	权属清晰，资产范围明确
	不存在限制转让、抵押的情况
	土地实际用途与其规划用途及权证用途一致
现金流	符合市场化原则，不依赖第三方补贴等非经常性收入
	持续、稳定，近3年未出现异常波动
	来源合理分散
运营	具备成熟稳定的运营模式，运营收入有较好增长潜力
	运营时间原则上不低于3年，投资回报良好
政府和社会资本合作（PPP）	收入以使用者付费为主
	符合PPP相关规定
3. 关联交易	
期限	基金管理人、资产支持证券管理人应当核查并披露基础设施项目最近3年及一期的关联交易情况
合规性	符合相关法律法规的规定和公司内部管理控制要求
公允性	定价公允，定价依据充分，与市场交易价格或独立第三方价格不存在较大差异
比例	基础设施项目现金流来源于关联方的比例合理，不影响基础设施项目的市场化运营
4. 评估与现金流	
评估	评估方法：原则上以收益法为主要估价方法
	重要参数要披露，包括：土地使用权或经营权剩余期限、运营收入、运营成本、运营净收益、资本性支出、未来现金流预期、折现率等
	评估频率：定期每年1次；基金购入、出售项目、基金扩募、提前终止、现金流发生重大变化时需要评估

续表

披露	主体：基金管理人和资产支持证券管理人
	时间：最近3年1期至少1年1期财务及审计报告
	现金流来源集中度高，需要提示风险并披露重要现金流提供方的经营情况
	历史现金流波动大，需分析原因，提示风险，设置风控措施
可供分配金额测算报告	基金管理人提供
	测算期限不超过2年
5. 交易结构	
基础资产合规性	界定清晰、合法合规、权属清晰，不存在抵押质押等权利转让限制
基础资产转让	转让应合法有效，通知债权人，确保转让对价公允
对外借款	基金管理人、资产支持证券管理人应当核查并披露借款类型、金额、用途、增信方式、涉及的抵质押等权利限制情况，明确偿还安排及风险应对措施等

数据来源：上交所、深交所。

REITs 常见专业名词

1. 资本化率（Cap Rate）

资本化率 = 不动产净运营收入 / 不动产售价，这是一个类似租售比的概念，不同的是资本化率的分子不是租金，而是租金扣除了日常的运营费用之后的净运营收入。一般来说，资本化率越高，投资者的收益越高。

2. 运营净收入（FFO）

运营净收入（Fund from Operation），是被业界广泛接受的用于衡量 REITs 运营能力的指标，类似于股票的净利润。北美会计准则（GAAP）下，REITs 运营净收入等于净利润加上不动产相关的折旧与摊销，不包括（抠除）卖出不动产的损益，不包括（抠除）控制权变化带来的损益，不包括（抠除）不动产减值。

除了运营净收入之外，业界有时还用调整后的运营净收入（AFFO，Adjusted Fund from Operation）来衡量 REITs 运营能力，具体如何调整并没有统一的定义，但基本上希望通过调整项来更准确地描述 REITs 的运营能力。

3. 可供分配收益（CAD）

可供分配收益（Cash Available for Distribution）是投资者最关心的参数之一，表示的是基金能够给到投资者的收益。一般等于调整后的净运营收入（AFFO）加上非现金支出。

4. 杠杆率

杠杆率大致有两个计算公式：负债除以总资产或者负债除以所有者权益。

5. 股息率

股息率等于每股分红/股息的金额除以每股的价格。